Excel 2010 L'Essentiel

pour

LES NULS

Greg Harvey

FIRST
Interactive

Excel 2010 L'Essentiel Pour les Nuls

Collection dirigée par Jean-Pierre Cano
Édition : Pierre Chauvot
Traduction : Bernard Jolivalt
Maquette et illustration : MADmac

Edition française publiée en accord avec Wiley Publishing, Inc.

Éditions First
60 rue Mazarine
75006 Paris
Tél. : 01 45 49 60 00
Fax : 01 45 49 60 01
e-mail : firstinfo@efirst.com
ISBN : 978-2-7540-2156-2
Dépôt légal : 4e trimestre 2010
Imprimé en Italie

Sommaire

Introduction

Bienvenue dans *L'Essentiel - Excel 2010 pour les Nuls*. Dans ce livre, comme son nom l'indique, rien de superflu et le minimum de bla-bla : vous ne trouverez que des informations qui vous sont essentielles pour profiter au mieux d'Excel 2010.

De quoi parle ce livre ?

Ce livre expose les techniques fondamentales que vous devez connaître pour créer, modifier, mettre en forme et imprimer vos propres feuilles de calcul, et même les convertir en graphiques. Gardez cependant à l'esprit que ce livre ne fait qu'aborder ces notions de la manière la plus facile ; il n'a pas du tout été question pour moi d'aller au fond des choses. Le livre est essentiellement consacré à la création de feuilles de calcul avec Excel, car c'est bien cela qui intéresse la majorité des gens !

À qui s'adresse ce livre ?

Ce livre s'adresse aux lecteurs qui savent déjà se servir d'un ordinateur équipé de Windows 7. Si vous possédez une ancienne version de Windows (XP ou Vista), vous serez néanmoins à même d'effectuer la plupart des tâches décrites ici. Nous considérons également que vous avez déjà installé Excel 2010 sur votre ordinateur.

Que contient ce livre ?

Ce livre est constitué de huit chapitres qui vont vous permettre de profiter au plus vite d'Excel 2010.

Si vous n'avez jamais vu un tableur de près, vous avez intérêt à commencer par lire le Chapitre 1 pour découvrir les secrets de l'interface à rubans avant de passer, dans le Chapitre 2, à la création des feuilles de calcul. Le Chapitre 3 explique comment mettre les données en forme afin de mieux les présenter. Reportez-vous au Chapitre 4 pour réorganiser, supprimer ou insérer de nouvelles informations dans une feuille de calcul. Et ne manquez pas de lire le Chapitre 5 pour tout savoir sur les manières d'imprimer votre travail achevé. Le Chapitre 6 est truffé de bonnes idées sur l'art et la manière d'organiser rationnellement vos données dans une seule feuille. Le Chapitre 7 vous dit tout sur la création de graphiques à partir de vos données. Enfin, grâce au Chapitre 8, vous apprendrez à créer des tableaux croisés.

Vous croiserez de temps à autre des paragraphes comme le suivant. N'hésitez pas à les lire !

Ce type de paragraphe fournit des conseils, des trucs ou encore des informations complémentaires en lien avec le sujet traité.

À la découverte d'Excel 2010

Chapitre 1

Dans ce chapitre :

- Sélectionner des commandes à partir du Ruban.
- Surfer dans un classeur et une feuille de calcul Excel 2010.
- Les méthodes pour lancer Excel 2010.

À l'instar de la version 2007, la nouvelle interface utilisateur d'Excel 2010 a été débarrassée de ses menus déroulants, panneaux et barres d'outils. Tous ces éléments ont été remplacés par un seul bandeau placé en haut de la feuille de calcul, appelé Ruban. Il contient toutes les commandes d'Excel, rapidement accessibles à tout moment.

L'interface utilisateur et son Ruban

À son premier lancement, Excel 2010 s'ouvre en affichant la première des trois feuilles de calcul nommées Feuil1, Feuil2, Feuil3, d'un nouveau fichier de classeur (Classeur1), dans une fenêtre identique à celle de la Figure 1.1.

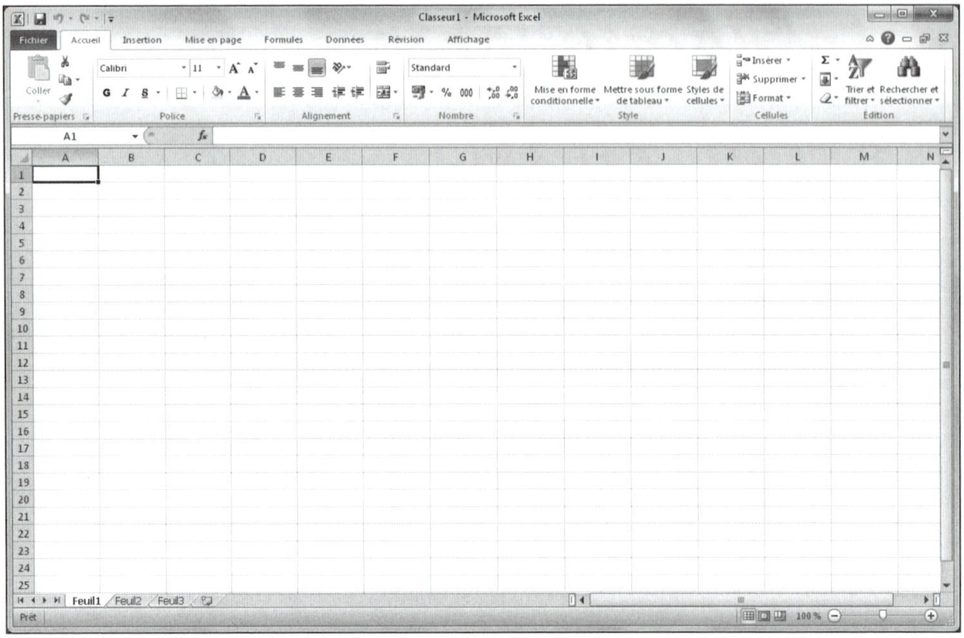

Figure 1.1 : La fenêtre qui apparaît au démarrage d'Excel 2010.

Cette fenêtre se compose des éléments suivants :

- **L'onglet Fichier**, qui ouvre le panneau dont le volet de gauche, appelé Backstage – « les coulisses », comme au théâtre – contient toutes les commandes relatives au fichier, notamment Enregistrer, Ouvrir, Imprimer, et Quitter, ainsi que le bouton Options qui permet de modifier les paramètres par défaut d'Excel.

- **La barre d'outils Accès rapide,** qui contient des boutons sur lesquels vous pouvez cliquer pour accomplir des tâches d'usage courant, par exemple enregistrer votre travail ou bien annuler ou répéter une modification, et que vous pouvez personnaliser en y ajoutant des boutons.

- **Le Ruban**, qui contient la majeure partie des commandes d'Excel, réparties dans un certain nombre d'onglets allant d'Accueil à Affichage.

- **La Barre de formule**, qui affiche l'adresse de la cellule sélectionnée ainsi que son contenu.

- **La zone de feuille de calcul**, qui contient toutes les cellules de la feuille de calcul en cours, identifiées par des en-têtes de colonnes au moyen de lettres sur le bord supérieur, et par des en-têtes de lignes utilisant des nombres sur le bord gauche, avec des onglets permettant de sélectionner une autre feuille de calcul du classeur, une barre de défilement horizontale sur le bord inférieur pour se déplacer vers la droite et vers la gauche dans la feuille de calcul, et une barre de défilement verticale sur le bord droit pour se déplacer vers le haut et vers le bas dans la feuille de calcul.

- **La Barre d'état**, qui indique dans quel mode se trouve le programme et quelles touches spéciales sont activées, vous permet de sélectionner une autre feuille de calcul et de faire un zoom avant ou arrière sur la feuille de calcul affichée.

Aller en coulisse via l'onglet Fichier

L'onglet Fichier se trouve à gauche de l'onglet Accueil, juste sous la barre d'Accès rapide.

Cliquer sur l'onglet Fichier donne accès à la vue Backstage. Elle contient le menu visible dans la Figure 1.2. L'option Informations affiche l'état du classeur Excel actuellement ouvert et actif.

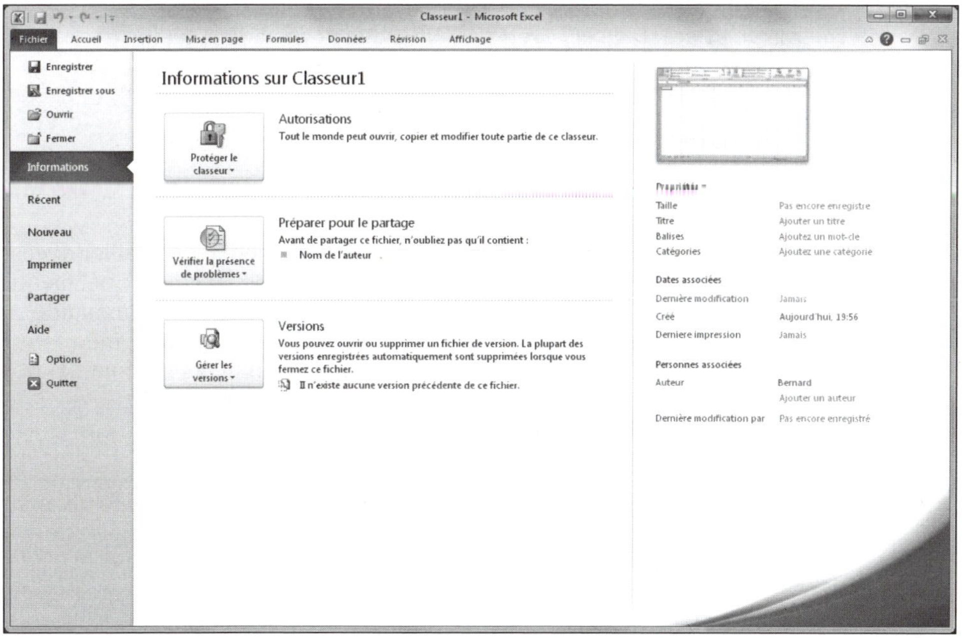

Figure 1.2 : La Vue Backstage fournit des informations sur le fichier courant, donne accès à des commandes de gestion des fichiers ainsi qu'aux options d'Excel.

Le panneau Informations est divisé en deux parties. Celle de gauche contient de grands boutons servant à modifier les autorisations du classeur et à restreindre sa diffusion. La partie de droite contient une miniature du classeur ainsi que des informations concernant les propriétés du document, dont certaines, comme Titres, Balises, Catégorie et Auteur, sont modifiables. Les autres ne le sont pas.

En haut de l'option Informations se trouvent les commandes Enregistrer, Enregistrer sous, Ouvrir et Fermer, qui sont usuellement utilisées lorsque vous travaillez sur des classeurs Excel. En bas du menu, l'option Aide affiche un panneau Support dans la vue Backstage. Il contient l'aide en ligne d'Excel, l'aide pour personnaliser les paramètres par défaut ainsi que la recherche des mises à jour d'Excel 2010. En dessous de Aide, le bouton Options permet de paramétrer Excel, tandis que le bouton Quitter met fin à la session de travail avec Excel.

Cliquez sur le bouton Récent pour accéder à un classeur Excel sur lequel vous avez travaillé récemment.

Pour fermer la vue Backstage et revenir à l'affichage normal de la feuille de calcul, cliquez de nouveau sur Fichier ou appuyez sur la touche Echap.

Visite guidée du Ruban

Le Ruban (Figure 1.3) change radicalement la manière de travailler avec Excel 2010. Au lieu de devoir vous rappeler (ou deviner) dans quel menu déroulant ou dans quelle barre d'outils Microsoft a placé la commande que vous voulez utiliser, les concepteurs d'Excel 2010 ont imaginé ce Ruban qui rend directement accessibles dans des onglets les commandes les plus utilisées pour une certaine catégorie de tâches.

Le Ruban est constitué des composants suivants :

- **Des onglets** pour chaque catégorie de tâches d'Excel, rassemblant chacun les commandes les plus utilisées pour cette catégorie de tâches.
- **Des groupes**, rassemblant des boutons de commande par sous-ensemble de ces catégories de tâches.
- **Des boutons de commande** dans chaque groupe, que vous pouvez sélectionner pour accomplir une action ou ouvrir une galerie dans laquelle vous pourrez cliquer sur la miniature de votre choix. Notez

que dans certains onglets un certain nombre de ces boutons se présentent comme des mini-barres d'outils donnant accès aux paramètres correspondants.

- **Des lanceurs de boîte de dialogue**, dans le coin inférieur droit de certains groupes, vous permettant d'ouvrir une boîte de dialogue contenant un certain nombre d'options supplémentaires.

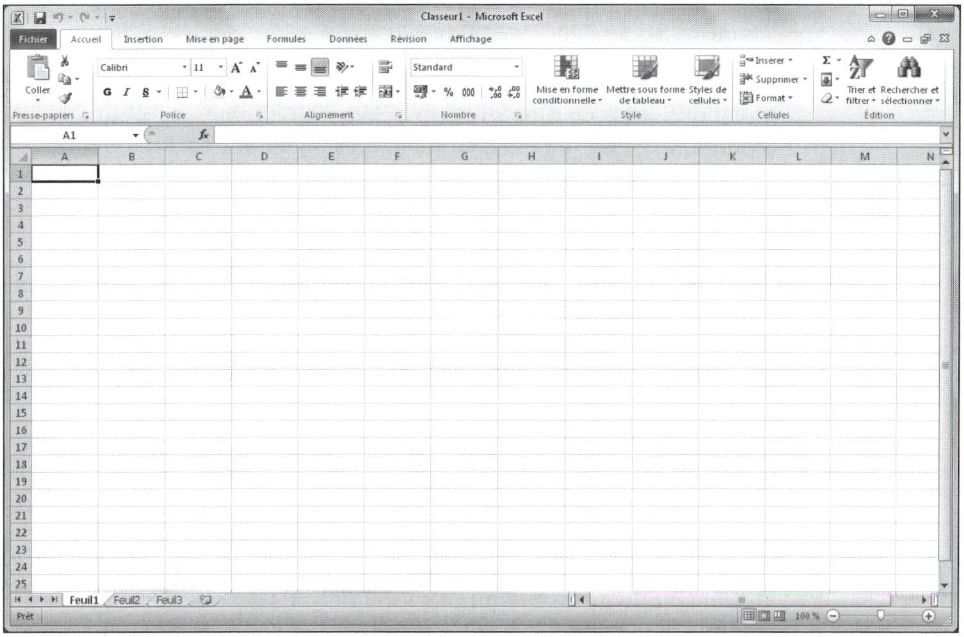

Figure 1.3 : Le Ruban d'Excel se compose d'une série d'onglets contenant des boutons de commande répartis dans différents groupes.

Pour afficher une plus grande surface de votre feuille de calcul dans la fenêtre d'Excel, vous pouvez minimiser le Ruban de manière que seuls les onglets apparaissent. Il vous suffit de double-cliquer sur l'un des onglets ou d'appuyer sur Ctrl + F1. Vous pouvez aussi utiliser la commande Réduire le Ruban du menu Personnaliser la barre d'outils Accès rapide.

Pour sélectionner une commande dans le Ruban minimisé, cliquez d'abord sur l'onglet voulu. Celui-ci apparaît. Mais dès que vous avez sélectionné la commande voulue, le Ruban est à nouveau minimisé ; seuls les onglets restent visibles.

Les onglets du Ruban

La première fois que vous lancez Excel 2010, son Ruban contient les onglets suivants, de la gauche vers la droite :

- **Accueil**, qui contient les boutons de commande normalement utilisés pour créer, mettre en forme et modifier une feuille de calcul, répartis dans les groupes Presse-papiers, Police, Alignement, Nombre, Style, Cellules et Édition.
- **Insertion**, qui contient les boutons de commande normalement utilisés pour ajouter divers éléments (dessins, tableaux, graphiques, graphiques sparkline, liens hypertextes, en-têtes et pieds de pages), répartis dans les groupes Formes, Tableaux, Illustrations, Graphiques, Graphiques sparkline, Diagrammes, Liens et Texte.
- **Mise en page**, qui contient les boutons de commande normalement utilisés pour préparer une feuille de calcul pour l'impression ou réorganiser les dessins sur une feuille de calcul, répartis dans les groupes Thèmes, Mise en page, Mise à l'échelle et Options de la feuille de calcul et Organiser.
- **Formules**, qui contient les boutons de commande normalement utilisés pour ajouter des formules et des fonctions dans une feuille de calcul ou pour rechercher des erreurs dans une formule, répartis dans les groupes Bibliothèque de fonctions, Cellules nommées, Audit de formules et Calcul. Notez que cet onglet contient également un groupe Solutions lorsque vous activez certains compléments comme Analysis Toolpack et Outils pour l'euro.
- **Données**, qui contient les boutons de commande normalement utilisés pour importer, émettre des requêtes, mettre en évidence ou faire un sous-total des données d'une feuille de calcul, répartis dans les groupes Donnés externes, Gérer les connexions, Trier et filtrer, Outils de données et Plan. Notez que cet onglet contient également un groupe Analyse lorsque vous activez certains compléments comme Analysis Toolpak ou Complément Solver.
- **Révision**, qui contient les boutons de commande normalement utilisés pour vérifier, protéger et effectuer le suivi des modifications d'une feuille de calcul, répartis dans les groupes Vérification, Commentaires et Modifications. Notez que ce ruban contient aussi un groupe Ink si vous utilisez Office 2010 sur un Tablet PC ou avec un ordinateur équipé d'une tablette numérique Ink.
- **Affichage**, qui contient les boutons de commande normalement utilisés pour modifier l'affichage de la feuille de calcul, répartis dans les groupes Affichages classeur, Afficher/Masquer, Zoom et Fenêtre.

En plus de ces sept onglets standard, Excel dispose également de l'onglet supplémentaire optionnel Développeur, que vous pouvez ajouter au Ruban si vous travaillez avec des macros et des fichiers XML.

Bien que ces onglets standard soient ceux que vous voyez toujours sur le Ruban lorsqu'il est affiché dans Excel, ils ne sont pas tout ce qui peut apparaître dans cette zone. Excel peut également y afficher des outils contextuels lorsque vous travaillez sur un objet que vous avez sélectionné dans la feuille de calcul, par exemple une image insérée ou un graphique, ou un tableau que vous avez créé. Les noms des outils contextuels pour l'objet sélectionné apparaissent juste au-dessus de l'onglet ou des onglets associés à ces outils.

Par exemple, la Figure 1.4 montre une feuille de calcul après avoir cliqué sur le graphique qu'elle contient pour le sélectionner. Sélectionner ce graphique fait apparaître à l'extrémité du Ruban les Outils de graphique répartis dans trois onglets supplémentaires : Création (sélectionné par défaut), Disposition et Mise en forme. Notez également que les boutons de commande de l'onglet Création sont répartis dans les groupes Type, Données, Disposition rapide, Styles rapides et Emplacement.

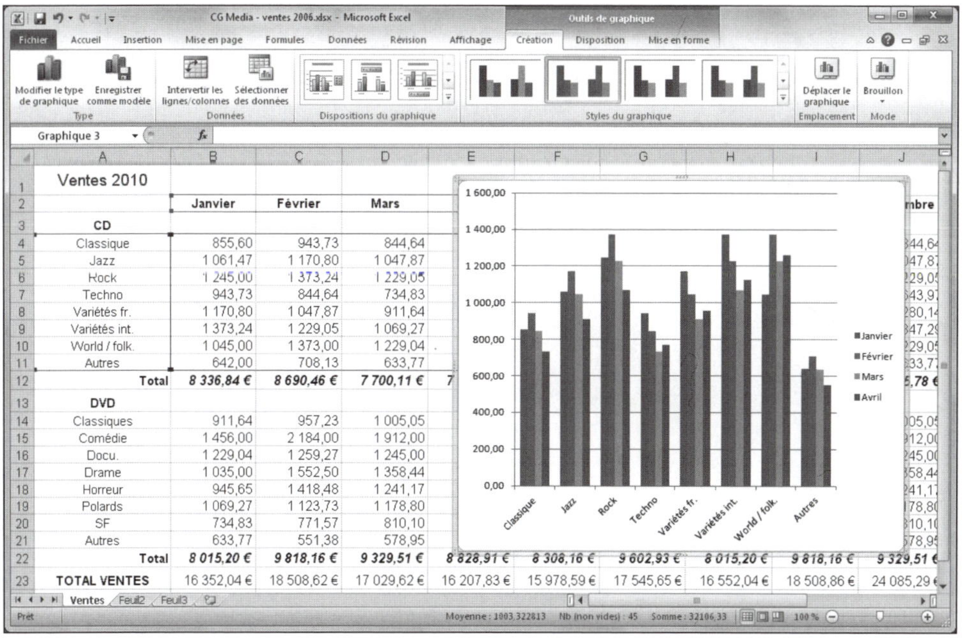

Figure 1.4 : Lorsque vous sélectionnez certains objets dans la feuille de calcul, Excel ajoute au Ruban des outils contextuels avec leurs propres onglets, groupes et boutons.

Lorsque vous désélectionnez l'objet, en général en cliquant dans la feuille à l'extérieur de celui-ci, l'outil contextuel pour celui-ci disparaît immédiatement du Ruban, qui ne laisse plus apparaître que les onglets habituels.

Sélectionner des commandes dans le Ruban

La méthode la plus facile pour sélectionner des commandes du Ruban (si vous êtes vraiment à l'aise avec votre clavier) consiste à appuyer sur la touche Alt, la relâcher, puis à taper la séquence de lettres définissant le raccourci clavier pour l'onglet et le bouton voulus.

Lorsque vous appuyez sur la touche Alt et la relâchez aussitôt, Excel affiche les touches de raccourci pour tous les onglets du Ruban. Lorsque vous appuyez alors sur la touche de raccourci d'un onglet, celui-ci apparaît, avec toutes les touches de raccourci des boutons de commande qu'il contient, comme le montre la Figure 1.5. Pour sélectionner un bouton de commande (ou ouvrir une boîte de dialogue), appuyez alors simplement sur les touches de raccourci correspondantes.

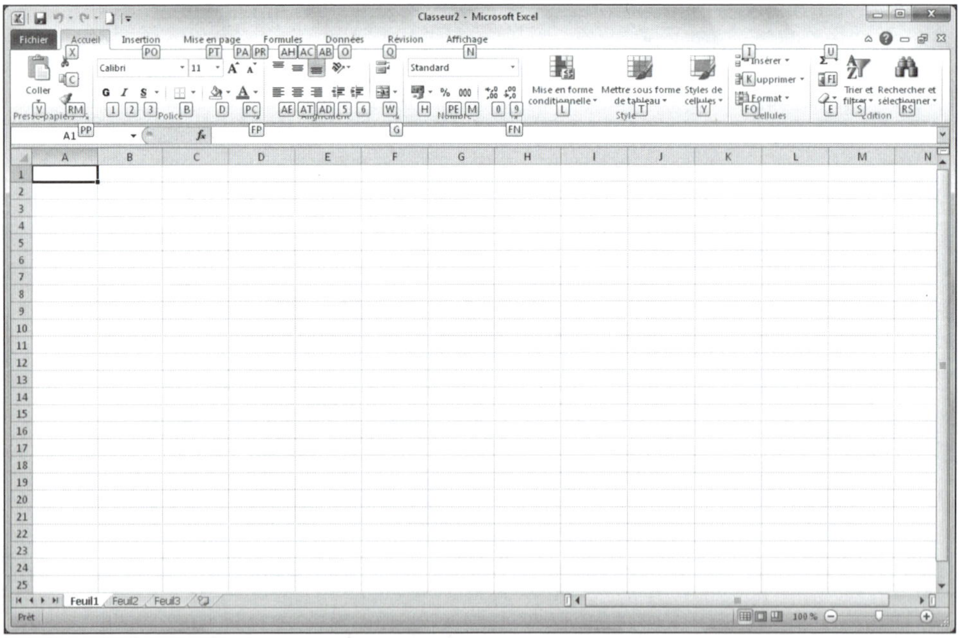

Figure 1.5 : Lorsque vous appuyez successivement sur Alt puis sur la touche de raccourci d'un onglet, Excel affiche les touches de raccourci de tous ses boutons de commande et boîtes de dialogue.

Se déplacer dans la feuille de calcul

Une feuille de calcul Excel contient bien trop de lignes et de colonnes pour que toutes soient affichées en même temps, quelles que soient la taille et la définition de votre écran (ne perdons pas de vue qu'il y a au total 17 179 869 184 cellules dans une feuille de calcul). Excel offre donc de nombreux moyens de déplacer le curseur de cellule dans la feuille de calcul pour atteindre celle que vous voulez modifier :

- Cliquer sur la cellule voulue (dans le cas où celle-ci se trouve dans la zone de la feuille de calcul affichée à l'écran).
- Cliquer dans la zone de nom de la Barre de formule, y entrer directement l'adresse de la cellule voulue et appuyer sur la touche Entrée.
- Appuyer sur F5 pour faire apparaître la boîte de dialogue Atteindre, entrer l'adresse de la cellule voulue dans le champ Référence, puis cliquer sur OK.
- Utiliser les barres de défilement horizontale et verticale, respectivement sur le bord inférieur et le bord droit de la fenêtre, pour faire apparaître à l'écran la zone de la feuille de calcul qui contient la cellule voulue, puis cliquer sur celle-ci pour la sélectionner.

Vous pouvez utiliser la touche Verr Maj (Verrouillage Majuscule) pour « verrouiller » la position du curseur de cellule dans la feuille de calcul, de manière à faire défiler à l'écran la feuille de calcul avec des touches comme PgSuiv et PgPréc sans changer la position du curseur de cellule (autrement dit, de manière que ces touches se comportent comme les barres de défilement).

Après avoir activé le Verrouillage Majuscule, lorsque vous faites défiler la feuille de calcul avec le clavier, Excel ne sélectionne pas une nouvelle cellule dans la zone affichée. La cellule sélectionnée reste la même, même si elle n'est plus visible à l'affichage. Pour « déverrouiller » le curseur de cellule en utilisant le clavier pour faire défiler la feuille de calcul, vous devez désactiver le Verrouillage Majuscule (soit en appuyant à nouveau sur la touche Verr Maj, soit en appuyant sur la touche Maj, selon le paramétrage de Windows).

Astuces pour les barres de défilement

Pour comprendre comment fonctionne le défilement dans Excel, représentez-vous cette énorme feuille de calcul comme un rouleau de papier enroulé sur une bobine à chaque extrémité. Pour faire apparaître une partie du rouleau qui se trouve cachée sur sa bobine du côté droit, vous rembobinez la bobine de gauche, jusqu'à ce que la partie voulue apparaisse sous vos yeux. Et pour faire apparaître une partie du rouleau qui se trouve cachée sur sa bobine du côté gauche, vous rembobinez la bobine de droite, jusqu'à ce que la partie voulue apparaisse sous vos yeux. C'est le même principe vers le haut et vers le bas.

Vous pouvez utiliser la barre de défilement horizontal qui se trouve sur le bord inférieur de la feuille de calcul pour faire défiler vos colonnes vers la droite ou vers la gauche, et la barre de défilement verticale qui se trouve sur le bord droit de la feuille de calcul pour faire défiler vos lignes vers le haut ou vers le bas. Pour faire défiler d'une colonne ou d'une ligne à la fois dans une direction, cliquez sur la flèche de défilement appropriée à l'une ou l'autre extrémité de la barre de défilement correspondante.

N'oubliez pas que vous pouvez redimensionner la barre de défilement horizontale pour la rendre plus longue ou plus courte en faisant glisser le bouton qui apparaît à son extrémité gauche. Gardez à l'esprit que l'espace restant à gauche de la barre de défilement horizontale permet de loger les onglets des feuilles de calcul que contient le classeur.

Pour faire défiler très rapidement les lignes et colonnes de votre feuille de calcul, maintenez enfoncée la touche Maj et faites glisser le pointeur de la souris dans la direction appropriée dans la barre de défilement correspondante, jusqu'à ce que la ligne ou la colonne que vous voulez voir apparaisse à l'écran. Lorsque vous maintenez enfoncée la touche Maj, le bouton de défilement devient très petit dès que vous maintenez enfoncé le bouton de la souris après avoir placé le pointeur dessus. En même temps, une info-bulle apparaît, indiquant le numéro de la première ligne ou la lettre de la première colonne affichée.

Surfer sur les feuilles d'un classeur

Chaque nouveau classeur que vous créez dans Excel 2010 contient trois feuilles de calcul vierges, chacune avec ses 16 384 colonnes et 1 048 576 lignes (ce qui vous fait disposer de la bagatelle de 51 539 607 552 cellules vierges par feuille). Mais si vous avez besoin de feuilles supplémentaires dans votre classeur, il suffit de cliquer sur le bouton Insérer une feuille de calcul, juste après les onglets des feuilles de calcul existantes.

Dans le coin inférieur gauche de la fenêtre, les boutons de défilement d'une feuille de calcul à une autre sont suivis par les onglets des feuilles de classeur, puis par le bouton Insérer une feuille de calcul. Pour activer une feuille de calcul, c'est-à-dire pour la faire apparaître à l'affichage et pouvoir y travailler, il vous suffit de la sélectionner en cliquant sur son onglet. Excel met en évidence la feuille active en mettant son nom en gras dans l'onglet correspondant et en faisant apparaître celui-ci au-dessus des autres.

Les raccourcis clavier Ctrl + PgSuiv et Ctrl + PgPréc vous permettent de passer respectivement à la feuille suivante et à la feuille précédente dans votre classeur.

Si votre classeur contient trop de feuilles de calcul pour que tous leurs onglets puissent être affichés en même temps en bas de la fenêtre, utilisez les boutons de défilement situés à gauche des onglets pour les faire défiler et faire apparaître ceux dont vous avez besoin, de manière que vous puissiez alors cliquer sur celui que vous voulez activer.

Lancer Excel

Vous pouvez utiliser le champ Rechercher qui se trouve en bas du menu Démarrer de Windows pour identifier l'emplacement du programme Excel sur votre ordinateur et le lancer très rapidement :

1. **Cliquez sur le bouton Démarrer dans la Barre des tâches pour ouvrir le menu Démarrer.**

2. **Cliquez dans le champ Rechercher et tapez les deux lettres** ex **afin que Windows identifie l'emplacement du programme Excel 2010 sur votre ordinateur.**

3. **Cliquez sur l'option Microsoft Office Excel 2010 qui apparaît maintenant dans le volet de gauche du menu Démarrer.**

Vous pouvez aussi lancer Excel à partir du menu Démarrer, en cliquant sur Démarrer/Tous les programmes/Microsoft Office/Microsoft Office Excel 2010.

Quitter Excel

Une fois votre travail terminé, vous êtes prêt à quitter Excel ; vous disposez pour cela de plusieurs méthodes :

- Cliquer sur l'onglet Fichier puis sur le bouton Quitter.
- Appuyer sur Alt + F + X ou sur Alt + F4.
- Cliquer sur le bouton Fermer (X) dans le coin supérieur droit de la fenêtre d'Excel.

Si vous essayez de quitter Excel après avoir travaillé dans un classeur mais sans avoir enregistré vos dernières modifications, le programme émet une alerte sonore et affiche une boîte d'alerte vous demandant si vous voulez enregistrer vos modifications. Pour les enregistrer avant de quitter Excel, cliquez sur le bouton Oui (pour en savoir plus sur l'enregistrement de vos documents, reportez-vous au Chapitre 2). Si vous ne voulez pas enregistrer vos dernières modifications, cliquez sur le bouton Non.

Créer une feuille de calcul à partir de zéro

Chapitre 2

Dans ce chapitre :

- Démarrer un nouveau classeur.
- Entrer des données de trois types possibles dans une feuille de calcul.
- Créer des formules simples.
- Corriger des entrées erronées.
- Utiliser la fonction de correction automatique.
- Faire le total de lignes ou de colonnes avec le bouton Somme automatique.

Maintenant que vous savez démarrer Excel 2010, le moment est venu de passer à l'action sans que cela tourne au cauchemar. Vous découvrirez dans ce chapitre comment entrer toutes sortes d'informations dans toutes ces petites cellules vierges décrites dans le chapitre précédent. Après avoir appris à entrer des données brutes dans la feuille de calcul, vous aborderez ce qui est sans doute la plus importante des leçons : l'enregistrement de toutes ces informations sur le disque afin que vous n'ayez plus à ressaisir tout ça !

La saisie des données

Voici la règle de base de toute saisie de données :

- Pour entrer des données dans une feuille de calcul, il faut cliquer avec le pointeur dans la cellule qui doit les recevoir puis les taper.

Notez qu'avant de positionner le pointeur de cellule là où la saisie (ou entrée) doit avoir lieu, Excel doit être en mode Prêt ; ce mode est affiché en toutes lettres dans la barre d'état. Mais, dès que vous commencez à saisir des données, Excel passe en mode Entrer (ce mot remplace le mot Prêt, dans la barre d'état).

Si le mode Prêt n'est pas enclenché, appuyez sur la touche Echap.

Dès lors que vous commencez à saisir en mode Entrer, les caractères que vous tapez apparaissent à la fois dans la cellule de la feuille de calcul et dans la barre de formule, en haut de l'écran. Tout ce que vous tapez dans une cellule a un effet dans la barre de formule, à commencer par l'apparition des boutons Annuler, Entrer et Insérer une fonction, entre la Zone Nom et la barre de formule.

Au fur et à mesure que vous tapez, Excel affiche votre saisie à la fois dans la barre de formule et dans la cellule active de la feuille de calcul, comme l'illustre la Figure 2.1. Le point d'insertion n'est toutefois présent qu'après les caractères affichés dans la cellule.

Après avoir effectué la saisie, vous devez faire en sorte qu'elle demeure dans la cellule. Pour ce faire, le logiciel doit quitter le mode Entrer et revenir au mode Prêt afin que vous puissiez déplacer le pointeur vers une autre cellule et y entrer éventuellement d'autres données.

Pour terminer la saisie et par là même passer du mode Entrer au mode Prêt, vous pouvez au choix cliquer sur le bouton Entrer (dans la barre de formule), appuyer sur la touche Entrée, ou encore appuyer sur l'une des touches fléchées (←, →, ↑ ou ↓) pour déplacer le pointeur vers une cellule voisine. Il est aussi possible d'appuyer sur la touche Tab ou Maj + Tab.

Bien que chacune de ces manipulations serve à valider la saisie des données dans une cellule, ce qui s'ensuit diffère quelque peu :

- Si vous cliquez sur le bouton Entrer, dans la barre de formule, la saisie est validée mais le pointeur de cellule reste en place.

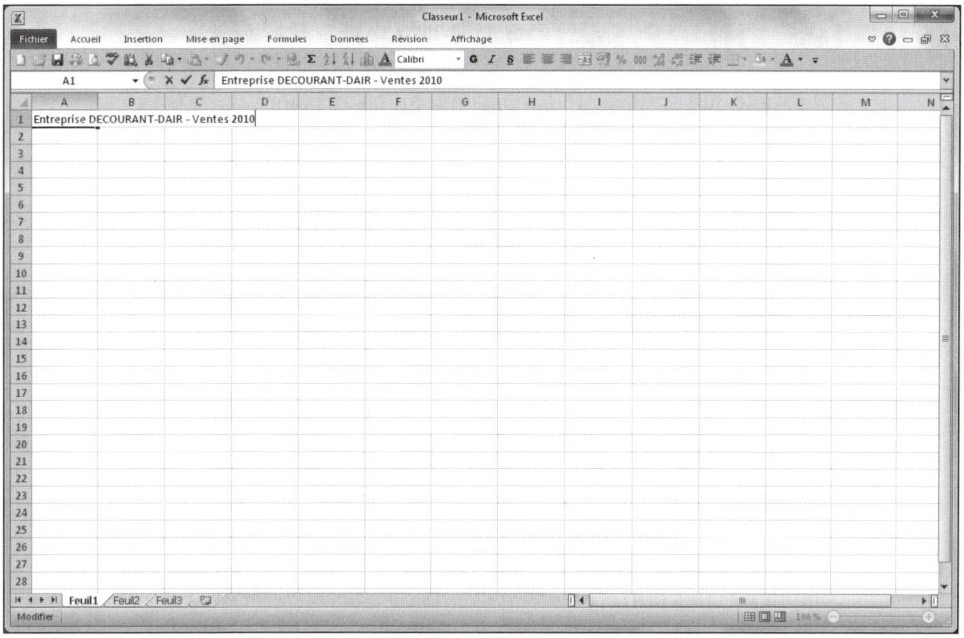

Figure 2.1 : Ce que vous tapez apparaît à la fois dans la cellule active et dans la barre de formule.

- Si vous appuyez sur la touche Entrée, la saisie est validée mais le pointeur se place sur la cellule située juste en dessous.
- Si vous appuyez sur l'une des touches fléchées, la saisie est validée, après quoi le pointeur de cellule se place sur la cellule suivante, dans le sens de la flèche.
- Si vous appuyez sur la touche Tab, la saisie est validée, après quoi le pointeur se déplace vers la cellule immédiatement à droite (ce qui équivaut à appuyer sur la touche Flèche droite). L'appui sur Maj + Tab déplace le pointeur vers la cellule immédiatement à gauche (équivalent de la touche Flèche gauche).

Si, pendant la saisie – et aussi longtemps qu'elle n'a pas été validée –, vous vous rendez compte d'une erreur, vous pouvez purger et désactiver la barre de formule en cliquant sur le bouton Annuler (celui avec un X) ou en appuyant sur la touche Echap. Mais si vous ne repérez cette erreur qu'après la validation, vous devrez revenir à cette cellule pour la corriger ou supprimer l'entrée (nous verrons ces opérations dans le Chapitre 4) et refaire la saisie.

Tous les types sont les bienvenus

Pendant que vous entrez joyeusement des données dans le tableur, Excel analyse constamment à votre insu le type de ces données et les classe selon l'un des trois types qu'il connaît : du *texte,* une *valeur* ou une *formule.*

Si Excel découvre qu'il s'agit d'une formule, le logiciel la calcule aussitôt, puis affiche le résultat dans la cellule de la feuille de calcul (la formule elle-même reste cependant visible dans la barre de formule). Si la saisie n'a rien d'une formule, Excel détermine s'il s'agit d'un texte ou d'une valeur.

Les signes révélateurs d'un texte

Un *texte* n'est rien d'autre qu'une saisie qu'Excel ne reconnaît ni comme formule ni comme valeur. Autant dire que, en ce qui concerne les types de données, il s'agit carrément d'une catégorie fourre-tout. En pratique, la plupart des entrées de texte (appelées aussi *intitulés*) sont des combinaisons de lettres et de ponctuations, ou de lettres et de chiffres. Les textes servent principalement à créer des titres, des en-têtes ou des annotations.

Il est facile de savoir si une saisie a produit un texte, car ce type de données est automatiquement aligné contre le bord gauche de la cellule. Si le texte est plus long que la cellule, il déborde sur la ou les cellules à droite, *aussi longtemps que celles-ci sont vides* (voir Figure 2.2).

Si par la suite vous entrez une information dans une cellule sur laquelle du texte a débordé, Excel tronque le texte, comme le montre la Figure 2.3. Ne vous inquiétez pas ; Excel n'a pas du tout coupé le texte, il a simplement évité de l'afficher pour libérer de la place pour les nouvelles données. Pour récupérer la partie masquée du texte, vous devrez élargir la colonne qui le contient (nous verrons comment dans le Chapitre 3).

Fixer les décimales

Si vous devez entrer une série de chiffres avec le même nombre de décimales, activez la fonction Décimale fixe d'Excel. Elle s'avère vraiment commode lorsque vous devez saisir des centaines de valeurs financières ou comptables avec deux décimales pour les centimes.

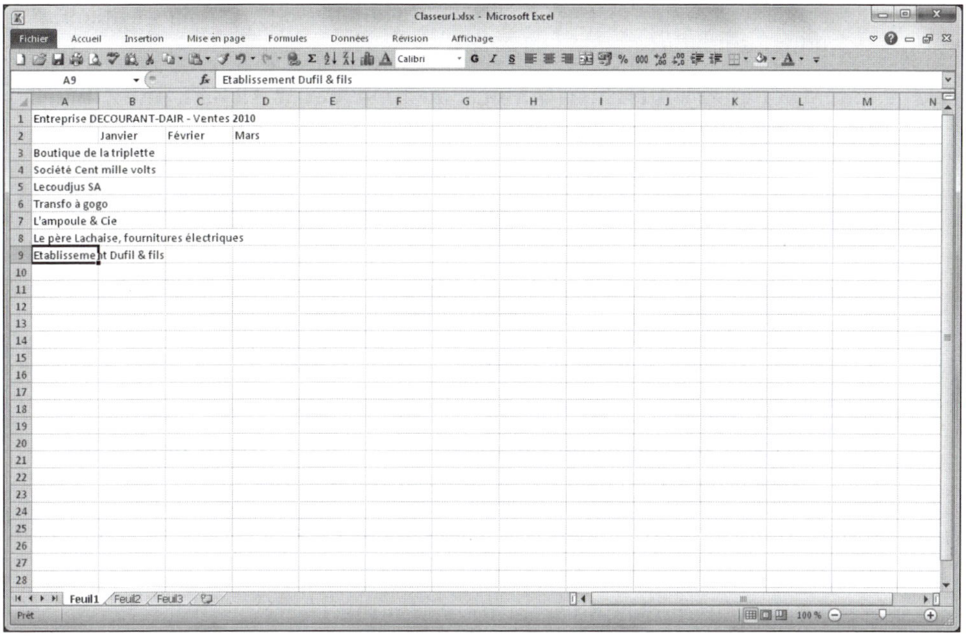

Figure 2.2 : Un texte long déborde à droite de la cellule, vers ses voisines vides.

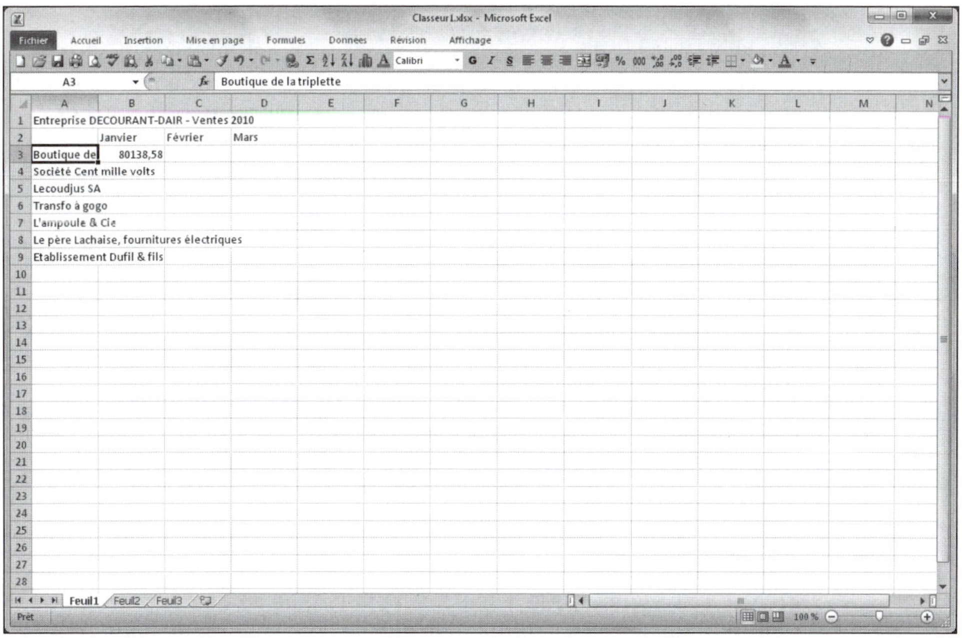

Figure 2.3 : Les données de la colonne B masquent partiellement les textes longs qui débordent.

Procédez comme suit pour spécifier le nombre de décimales à afficher pour les nombres que vous entrez :

1. **Cliquez sur Fichier/Options, ou appuyez sur Alt + FI, puis cliquez sur l'onglet Options avancées dans la boîte de dialogue Options Excel.**

   La boîte de dialogue Options Excel apparaît, avec l'onglet Options avancées au premier plan.

2. **Dans la section Options d'édition, cochez la case Décimale fixe.**

   Par défaut, Excel affiche deux chiffres après la virgule. Pour modifier ce paramètre, passez à l'Étape 3. Si vous voulez le conserver, passez à l'Étape 4.

3. **Tapez une nouvelle valeur dans le champ Place ou utilisez les boutons fléchés pour l'augmenter ou la réduire.**

   Par exemple, si vous voulez afficher trois décimales, mettre la valeur de Place à 3 donnera : 00,000.

4. **Cliquez sur OK ou appuyez sur Entrée.**

   Excel affiche la mention Décimale fixe dans la barre d'état pour bien indiquer que la fonction Décimale fixe est active.

Après avoir fixé les décimales, Excel ajoute automatiquement la virgule décimale à toutes les valeurs numériques que vous serez amené à entrer. Tout ce que vous avez à faire est de taper des chiffres et de les valider. Par exemple, pour entrer 100,99 dans une cellule lorsque la place de la décimale fixe est 2, vous taperez **10099** sans jamais taper la virgule. Dès que vous validez ces chiffres, Excel fait apparaître 100,99 dans la cellule.

Taper comme avec la bonne vieille calculatrice

Vous pouvez obtenir plus encore de la fonction Décimale fixe en sélectionnant la plage de cellules dans laquelle vous voulez entrer des chiffres et en appuyant ensuite sur la touche Verr Num afin de procéder aux saisies à partir du pavé numérique, comme avec une calculatrice.

En procédant ainsi, tout ce que vous avez à faire pour entrer des plages de données dans les cellules est de les taper et d'appuyer sur la touche Entrée du pavé numérique. Excel insère la virgule au bon endroit puis décale le pointeur vers la prochaine cellule. Mieux, lorsque vous avez tapé la dernière valeur d'une colonne, appuyer sur Entrée déplace automatiquement le pointeur en haut de la prochaine colonne de la sélection.

Regardez les Figures 2.4 et 2.5 pour voir en quoi la méthode de la calculatrice peut vous être utile. Dans la Figure 2.4, la fonction Décimale fixe est active, avec 2 places décimales, et la plage de cellules allant de B3 à D9 est sélectionnée. Vous remarquez aussi que six entrées ont été faites dans les cellules B3 à B8 et une septième, 30834,63, est en cours de saisie dans la cellule B9. Pour procéder à cette entrée en mode Décimale fixe, il suffit de taper **3083463** à partir du pavé numérique.

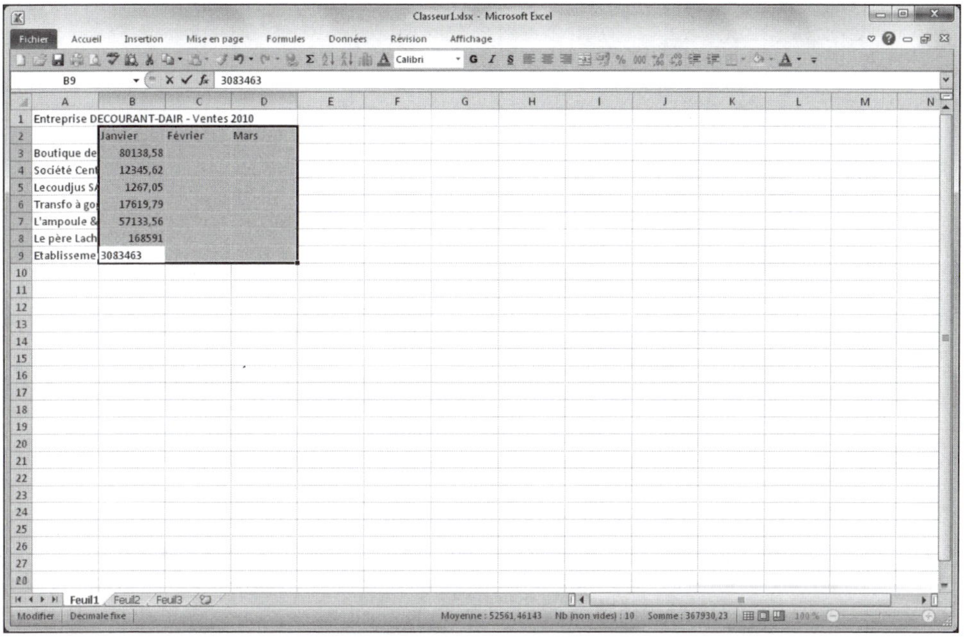

Figure 2.4 : Pour entrer la valeur 30834,63 dans la cellule B9, tapez *3083463* et appuyez sur la touche Entrée.

Dans la Figure 2.5, observez ce qui se passe juste après avoir appuyé sur Entrée (la touche habituelle ou celle du pavé numérique). Excel a non seulement placé la virgule dans la valeur de la cellule B9, mais il a aussi déplacé le pointeur vers la cellule C3, en haut de la colonne suivante.

La saisie des dates et des heures

Excel détermine si la valeur que vous venez d'entrer est une date ou une heure, ou bien du texte, selon le format utilisé. Si celui-ci correspond à l'un des formats de date ou d'heure d'Excel, le logiciel considère ces valeurs comme une date ou comme une heure. Autrement, si le format n'est pas reconnu, l'entrée est considérée comme du texte.

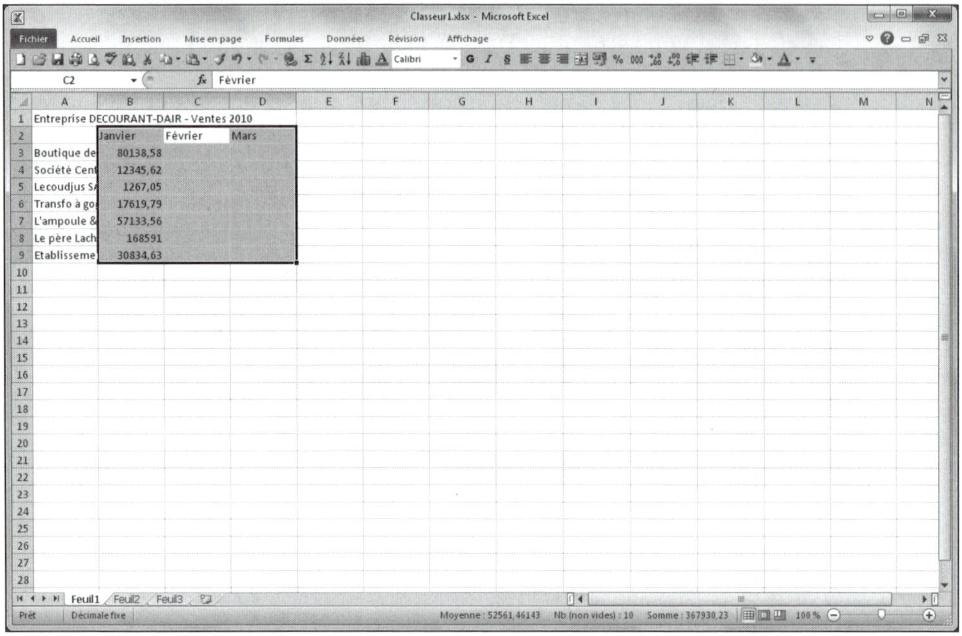

Figure 2.5 : La touche Entrée vient d'être pressée pour valider la valeur 30834,63 tapée dans la cellule B9. Le pointeur passe ensuite automatiquement à la cellule C3.

Excel reconnaît les formats d'heure suivants :

3	AM ou PM
3	A ou P (pour AM et PM)
3:21	
3:21:04	AM ou PM
15:21	
15:21:04	

(*NdT* : Les initiales AM et PM, utilisées dans les pays anglophones, sont respectivement celles des termes latins *ante meridiem,* « avant midi » et *post meridiem,* « après midi ». Elles sont utilisées pour différencier les heures dans un système horaire basé sur 12 heures.)

Excel reconnaît les formats de date suivants :

6 novembre 2010 ou 6 novembre 10
6/11/10 ou 6-11-10
6-nov-10, 6/nov/10 ou 6nov10
6/11, 6-nov, 6/nov ou 6nov
06nov ou 06-nov

Concocter ces fabuleuses formules !

Les formules sont les véritables chevaux de bataille d'Excel. Pour peu qu'une formule ait été correctement élaborée, elle renverra le résultat recherché dès sa validation. Par la suite, elle réagira en temps réel à toutes les modifications apportées aux cellules dont elle dépend.

Vous indiquez à Excel que vous tapez une formule – et non du texte ou une valeur – en commençant la saisie par le signe = (égal). Il précède toutes les formules, même les plus élémentaires comme SOMME ou MOYENNE (reportez-vous à la section « Placer une fonction dans une formule avec l'Assistant Fonction », plus loin dans ce chapitre, pour en savoir plus sur l'utilisation des fonctions d'Excel). D'autres formules simples se basent sur une série de valeurs ou de références de cellules contenant des valeurs. Ces dernières sont séparées par un ou plusieurs des opérateurs mathématiques suivants :

+	Addition
-	Soustraction
*	Multiplication
/	Division
^	Puissance

Par exemple, pour créer dans la cellule C2 une formule qui multiplie la valeur contenue dans la cellule B2, vous taperez la formule suivante : **=A2*B2**.

Procédez comme suit pour entrer cette formule :

1. **Sélectionnez la cellule C2.**
2. **Tapez l'intégralité de la formule :** =A2*B2.
3. **Appuyez sur la touche Entrée.**

Ou :

1. **Sélectionnez la cellule C2.**
2. **Tapez le signe** = **(égal).**
3. **Sélectionnez la cellule A2 en cliquant dedans ou avec les touches fléchées.**

   Cette action place la cellule de référence A2 dans la formule, comme le montre la Figure 2.6.

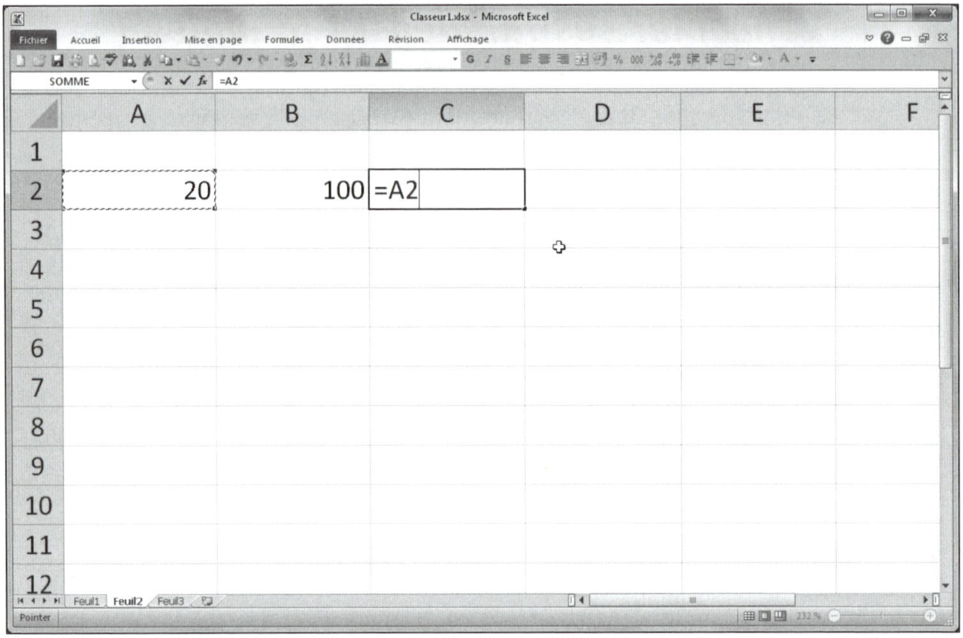

Figure 2.6 : Pour commencer à créer la formule, tapez le signe = puis sélectionnez la cellule A2.

4. **Tapez * (sur la plupart des claviers, ce caractère est à proximité de la touche Entrée).**

   L'astérisque est le signe de multiplication. Il se substitue au signe « × » appris à l'école.

5. **Sélectionnez la cellule B2 avec la souris ou au clavier.**

   Cette action insère le contenu de la cellule B2 dans la formule, comme le montre la Figure 2.7.

6. **Cliquez sur le bouton Entrer pour terminer la formule tout en laissant le pointeur sur la cellule C2.**

   Excel affiche le résultat du calcul dans la cellule C2 ; la formule apparaît dans la barre de formule (voir Figure 2.8).

Après avoir validé la formule =A2*B2 dans la cellule C2, Excel affiche le résultat selon les valeurs actuellement contenues dans les cellules A2 et B2. La grande force du tableur réside dans la possibilité de recalculer immédiatement et automatiquement la formule dès qu'une des cellules dépendant d'une formule est modifiée.

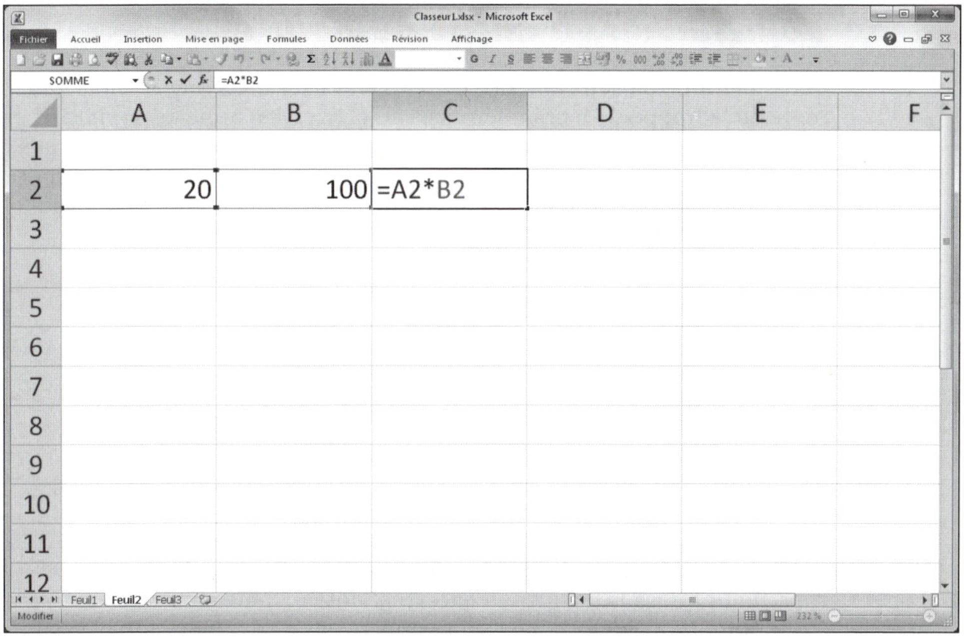

Figure 2.7 : Pour entrer la seconde partie de la formule, tapez * puis sélectionnez la cellule B2.

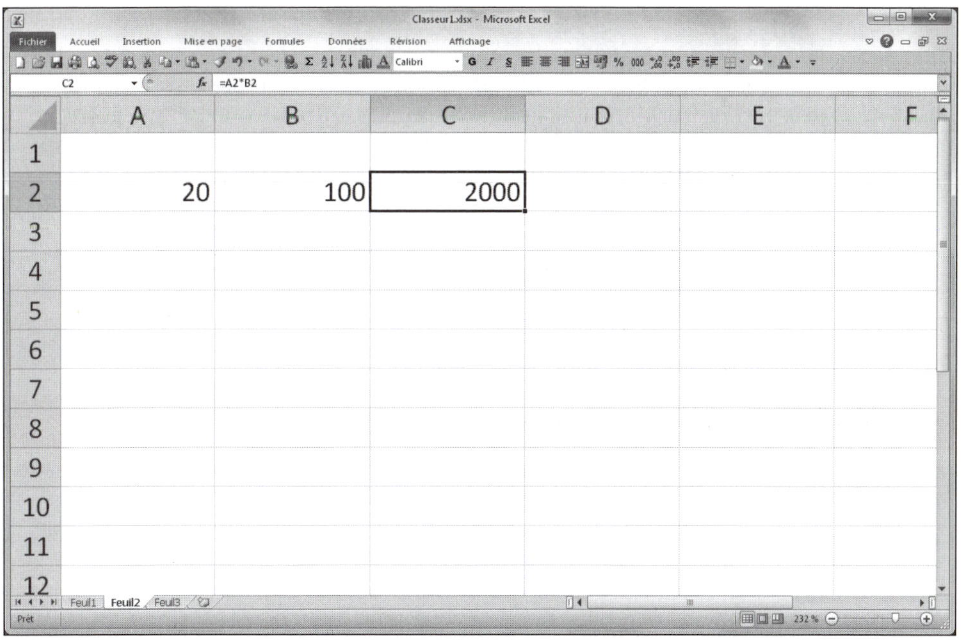

Figure 2.8 : Cliquez sur le bouton Entrer. Excel affiche le résultat dans la cellule C2 ; la formule apparaît dans la barre de formule.

Pour l'avoir, il suffit de pointer

Cette méthode de sélection des cellules à utiliser dans une formule, différente de la frappe de leurs références au clavier, est appelée *pointage*. Le pointage est non seulement plus rapide que la saisie des références, mais aussi plus sûr, car il élimine tout risque de faute de frappe. Or, la moindre erreur dans la lettre d'une colonne ou le numéro d'une ligne peut avoir des conséquences désastreuses.

Les erreurs de formule

Lorsque l'une de vos formules renvoie une valeur d'erreur, un signal d'alerte (sous la forme d'un point d'exclamation placé dans un losange) apparaît à gauche de la cellule dès que le pointeur de cellule est situé sur celle-ci. Dans le coin supérieur gauche de la cellule, figure un petit triangle vert. Lorsque vous placez le pointeur de la souris sur ce signal d'alerte, Excel affiche une description sommaire de l'erreur de formule, ainsi qu'un bouton de liste déroulante. Lorsque vous cliquez dessus, un menu contextuel doté de plusieurs options apparaît. Pour obtenir de l'aide en ligne sur cette erreur de formule, notamment des suggestions pour la corriger, cliquez sur l'option Aide sur cette erreur.

Le pire avec les valeurs d'erreur est qu'elles peuvent se répercuter dans d'autres formules de la feuille de calcul. Si une formule retourne une valeur d'erreur dans une cellule et qu'une autre formule d'une autre cellule s'y réfère, cette deuxième formule retourne à son tour la même erreur, qui risque d'être reprise ailleurs et ainsi de suite.

Lorsqu'une valeur d'erreur apparaît dans une cellule, vous devez découvrir son origine puis modifier la formule. Le Tableau 2.1 recense quelques-unes des valeurs d'erreur que vous risquez de rencontrer et indique les causes les plus communes.

Tableau 2.1 : Les valeurs d'erreur susceptibles d'entacher des formules.

Ce qu'affiche la cellule	*Cause probable*
#DIV/0!	Se produit lorsqu'un élément de la formule doit être divisé par le contenu d'une cellule dont la valeur est 0 ou, ce qui est le plus souvent le cas, lorsque cette cellule est vide. En mathématique, la division par zéro est une aberration.

Ce qu'affiche la cellule	*Cause probable*
#NOM?	Se produit lorsque la formule se réfère à un *nom de plage* qui n'existe pas dans le classeur. Ce type d'erreur apparaît lorsque vous faites une faute de frappe en tapant le nom ou lorsque du texte utilisé dans une formule n'est pas placé entre guillemets, ce qui laisse croire à Excel qu'il s'agit d'un nom de plage.
#NUL!	Se produit le plus souvent lorsque vous insérez une espace, au lieu du point-virgule utilisé pour séparer les références de cellules utilisées comme arguments pour les fonctions.
#NOMBRE!	Se produit lorsque Excel rencontre dans la formule un problème avec un nombre comme un type d'argument erroné dans une fonction ou un calcul qui produit un nombre trop grand ou trop petit pour être représenté dans la feuille de calcul.
#REF!	Se produit lorsque Excel rencontre une référence de cellule non valide. C'est le cas lorsque vous supprimez une cellule utilisée par une formule ou, dans certains cas, quand vous collez des cellules par-dessus celle à laquelle se réfère la formule.
#VALEUR!	Se produit lorsque vous utilisez le mauvais type d'argument ou d'opérateur dans une fonction, ou lors de l'appel à une opération mathématique qui se réfère à des cellules contenant du texte.

Corriger les entrées erronées

Nous visons tous à la perfection, mais comme bien peu d'entre nous peuvent s'en prévaloir – en ce qui concerne Excel bien sûr –, nous finissons tous par nous planter plus ou moins. Quand il s'agit d'entrer de grandes quantités de données, la faute de frappe n'attend qu'un moment d'inattention pour s'immiscer dans le travail. Mais, dans notre quête de la feuille parfaite, nous ne sommes pas sans armes. Voici quelques recommandations. La première est de configurer Excel pour qu'il rectifie automatiquement certaines fautes de frappe grâce à la fonction de correction automatique. La seconde est de corriger manuellement les petites erreurs, soit au moment de la saisie, soit après validation.

La correction automatique

La correction automatique est une aubaine pour tous ceux d'entre nous qui ont tendance à répéter toujours les mêmes erreurs. Grâce à cette fonction, vous pouvez signaler vos fautes de frappe favorites à Excel et obtenir de lui qu'il les corrige aussitôt.

La première fois que vous installez Excel, la correction automatique est d'ores et déjà configurée pour corriger les deux premières lettres majuscules des textes que vous entrez (il met automatiquement la deuxième lettre en minuscule). Il met une majuscule aux noms des jours, ou remplace fort judicieusement un texte erroné par un autre, corrigé.Vous pouvez à tout moment ajouter vos propres termes à la liste de mots à corriger. Ces textes de remplacement peuvent être de deux types : ceux qui corrigent des fautes de frappe que vous ne pouvez vous empêcher de faire, et des abréviations ou des acronymes que vous devez tout le temps taper en entier.

Pour déclarer un texte de remplacement :

1. **Cliquez sur Fichier/Options, puis sur l'onglet Vérification, dans la boîte de dialogue Options Excel, puis sur le bouton Options de correction automatique.**

   Excel ouvre la boîte de dialogue Correction automatique que montre la Figure 2.9.

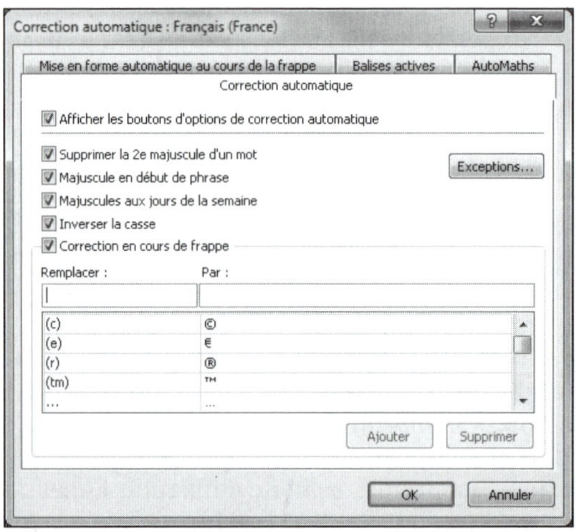

Figure 2.9 : Pour accélérer des saisies compliquées, placez une abréviation du terme ou un diminutif dans le champ Remplacer et le texte complet dans le champ Par.

2. **Dans l'onglet Correction automatique de la boîte de dialogue qui apparaît, entrez le texte ou l'abréviation dans le champ Remplacer.**

3. **Entrez la correction ou la forme complète correspondant à l'abréviation dans le champ Par.**

4. Cliquez sur le bouton Ajouter ou appuyez sur la touche Entrée afin d'insérer la correction dans la liste.

5. Cliquez sur OK pour fermer la boîte de dialogue Correction automatique.

Les règles de modification d'une cellule

En dépit de la correction automatique, des erreurs peuvent néanmoins se produire. Leur correction varie selon que vous les avez repérées au cours de la saisie ou après validation.

- Si vous avez repéré l'erreur avant d'avoir validé l'entrée, vous pouvez la corriger en appuyant sur la touche Ret.Arr. jusqu'à ce que vous ayez supprimé tous les caractères erronés de la cellule. Il ne vous reste plus ensuite qu'à retaper le reste de l'entrée.
- Si vous n'avez découvert l'erreur qu'après coup, vous avez le choix entre le remplacement de toute l'entrée ou la seule correction de l'erreur.
- Si le contenu de la cellule est facile à retaper, vous choisirez sans doute de le remplacer. Pour ce faire, positionnez le pointeur sur cette cellule, tapez la nouvelle entrée, puis validez-la en cliquant sur le bouton Entrer ou en appuyant sur la touche Entrée ou sur une flèche de direction.
- Si l'erreur est facile à corriger mais que l'entrée est longue, vous aurez sans doute intérêt à modifier le contenu de la cellule plutôt que tout retaper. Pour éditer l'entrée, double-cliquez dedans ou appuyez sur la touche de fonction F2.
- L'une et l'autre de ces actions activent la barre de formule qui affiche de nouveau les boutons Entrer et Annuler tandis que le point d'insertion réapparaît dans la cellule. Notez que, quand vous double-cliquez, le point d'insertion apparaît là où vous avez cliqué ; si vous appuyez sur F2, il apparaît après le dernier caractère de l'entrée.
- Remarquez aussi que, dans la barre d'état, l'indicateur de mode se met sur Modifier. Dans ce mode, vous pouvez utiliser la souris ou les touches fléchées pour déplacer le point d'insertion jusqu'à l'endroit à corriger.

Le Tableau 2.2 contient les touches du clavier que vous pouvez utiliser pour positionner le point d'insertion dans une entrée de cellule et supprimer les caractères indésirables. Pour insérer de nouveaux caractères au point d'insertion, il suffit de les taper. Pour supprimer des caractères au fur et à mesure que vous tapez les nouveaux, appuyez une seule fois sur la touche Insert pour passer du mode d'insertion normal au mode de remplacement, dans lequel les caractères tapés écrasent ceux qu'ils rencontrent. Pour revenir au mode d'insertion normal, appuyez de nouveau sur Insert. Lorsque les corrections auront été faites, vous devrez appuyer sur Entrée afin qu'Excel valide les modifications et les prenne en compte.

Tableau 2.2 : Les touches de modification du contenu d'une cellule.

Touche	*Action*
Suppr	Supprime le caractère à droite du point d'insertion.
Ret.Arr.	Supprime le caractère à gauche du point d'insertion.
→	Décale le point d'insertion d'un caractère vers la droite.
←	Décale le point d'insertion d'un caractère vers la gauche.
↑	Si le point d'insertion est la fin de l'entrée, il est déplacé à la position qu'il occupait précédemment.
Fin ou ↓	Place le point d'insertion après le dernier caractère de l'entrée.
Origine	Place le point d'insertion avant le premier caractère de l'entrée.
Ctrl + →	Place le point d'insertion devant le prochain mot de l'entrée.
Ctrl + ←	Place le point d'insertion devant le mot précédent de l'entrée.
Inser	Fait passer du mode Insertion au mode Écrasement et inversement.

Se débarrasser des corvées de saisie

Avant de conclure la question de la saisie des données, je me sens le devoir de vous présenter quelques moyens qui pourront vraiment vous aider à alléger la corvée que représente bien souvent la saisie des données. Il s'agit de la saisie semi-automatique et de la recopie automatique, mais aussi de la manière d'entrer des données dans un groupe de cellules préalablement sélectionné et de répéter la même entrée un certain nombre de fois dans un ensemble de cellules.

La saisie semi-automatique

La fonction de saisie semi-automatique d'Excel 2010 ne fera pas tout à votre place, mais elle vous aidera néanmoins à saisir vos données. Dans le but louable de vous décharger des tâches les plus ingrates, les programmeurs de Microsoft ont mis au point une intéressante fonction qui facilite vos saisies.

La *saisie semi-automatique* est une sorte de mémoire qui anticipe la frappe selon ce que vous avez commencé à taper. Elle n'entre en jeu que quand vous tapez du texte, mais pas avec les chiffres ou les formules. Lorsque vous entrez du texte, la saisie semi-automatique recherche si, ailleurs dans la colonne, du texte commençant par les mêmes lettres existe déjà. Si c'est le cas, elle complète aussitôt votre saisie, vous évitant ainsi d'avoir à taper le reste.

Supposons par exemple que j'ai tapé **Centre culinaire Pigeon vole** dans la cellule A3, puis que le pointeur a été déplacé vers la cellule A4. Dès l'appui sur la touche C – en majuscule ou en minuscule, cela n'a pas d'importance –, la saisie semi-automatique ajoute aussitôt le restant, soit *_entre culinaire Pigeon vole* juste après le C, comme le montre la Figure 2.10.

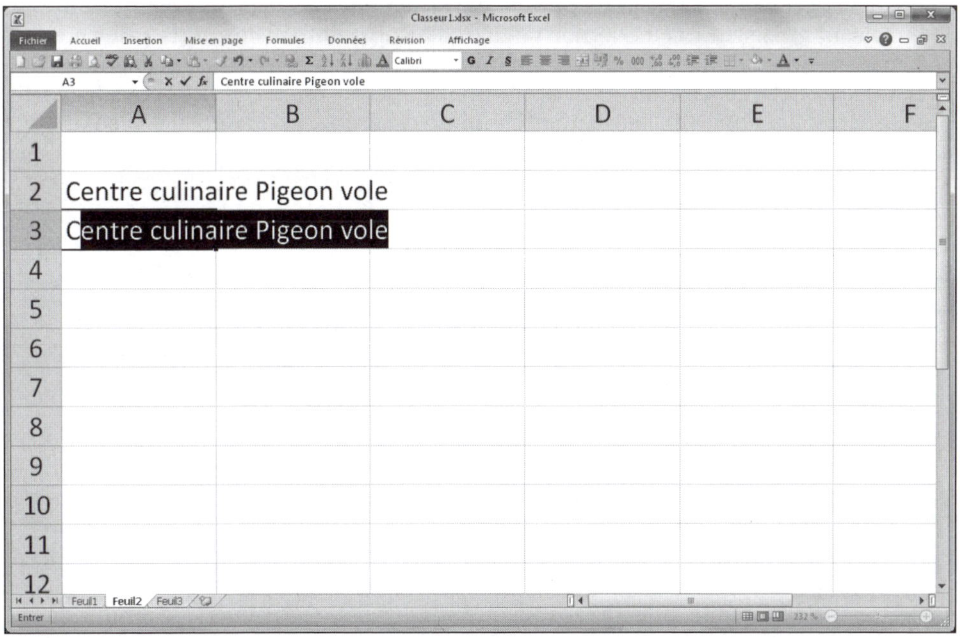

Figure 2.10 : La saisie semi-automatique complète une entrée selon une autre entrée déjà existante qui, dans la même colonne, commence par la ou les mêmes lettres.

La saisie semi-automatique est parfaite si les cellules A3 et A4 doivent contenir les mêmes entrées. Mais supposons que les entrées commencent par les mêmes lettres, mais qu'elles diffèrent ensuite. La saisie semi-automatique fonctionnera aussi longtemps que les lettres seront identiques – le mot *Centre* en l'occurrence – ; il suffit de continuer à taper. Dès que le texte diffère, comme dans *Centre Jack & Jill*, la saisie semi-automatique cesse dès la frappe du J, car elle n'a plus rien à vous proposer.

La recopie automatique

La fonction de recopie d'Excel, également appelée *recopie incrémentée*, facilite considérablement ces tâches répétitives. Tout ce que vous avez à faire est de taper la première valeur d'une série. Le plus souvent, la recopie automatique se fera un plaisir de remplir les cellules voisines en tirant une poignée de recopie vers la droite pour incrémenter sur une ligne, ou vers le bas pour incrémenter dans une colonne.

La poignée de recopie, qui a la forme d'une croix noire, n'apparaît que quand vous placez le pointeur de la souris sur le coin inférieur droit d'une cellule, ou de la dernière cellule si une plage a été sélectionnée. Gardez à l'esprit que, en faisant glisser une sélection de cellules avec le pointeur de souris en forme d'épaisse croix blanche, Excel se contente d'étendre la sélection aux cellules par-dessus lesquelles vous avez tiré le pointeur (voir Chapitre 3). Si vous faites glisser la sélection avec le pointeur en forme de flèche, Excel déplace la sélection (voir Chapitre 4).

Quand vous créez une série avec la poignée de recopie, vous ne pouvez tirer que dans une seule direction à la fois. Il vous est par exemple possible de remplir les cellules situées à droite ou à gauche sur la même ligne que la cellule initiale contenant les données à recopier, ou vers le haut ou le bas de la même colonne. Mais il est exclu d'opérer dans deux directions, par exemple vers la droite puis vers le bas, en tirant la poignée en diagonale.

Les Figures 2.11 et 2.12 montrent comment utiliser la fonction de recopie automatique pour entrer des mois de l'année sur une ligne, en commençant par janvier dans la cellule B2 et en finissant par juin en G2. Pour ce faire, tapez simplement **Janvier** dans la cellule B2, amenez le pointeur de la souris sur la poignée de recopie située sur le coin inférieur droit de la cellule, puis tirez-la jusque sur la cellule G2, comme le montre la Figure 2.11. Lorsque vous relâchez le bouton de la souris, Excel remplit les cellules avec les différents mois, de février à juin, comme l'illustre la Figure 2.12. Remarquez que les mois ainsi créés restent sélectionnés, ce qui vous laisse une possibilité de modifier la série ; si vous étiez allé trop loin, tirer la poignée de recopie vers la gauche aurait limité la recopie à celle voulue. Ou encore, si vous n'étiez pas allé assez loin, tirer la poignée aurait ajouté des mois.

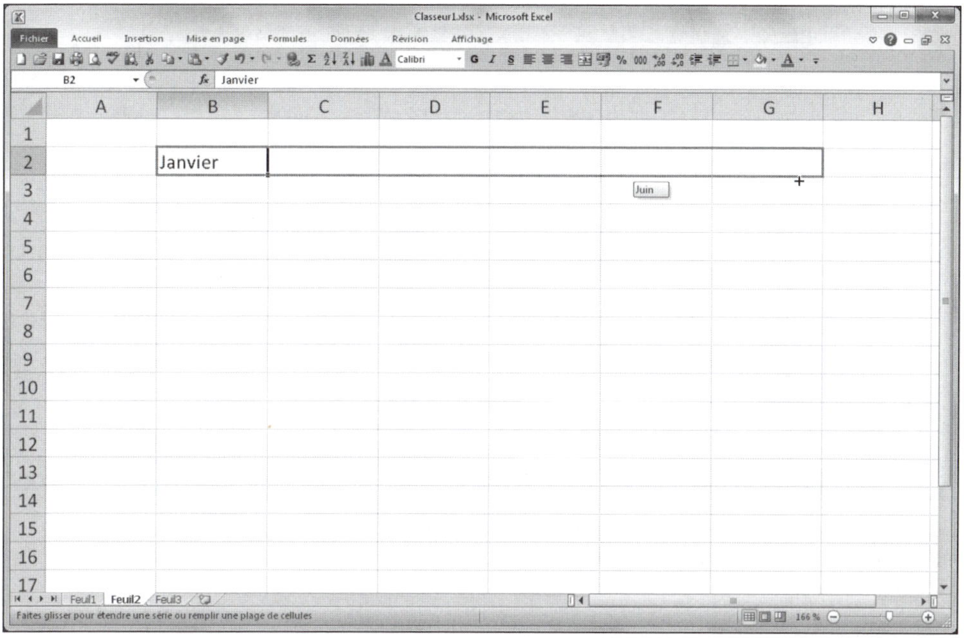

Figure 2.11 : Pour obtenir une série de mois, tapez *Janvier* dans une cellule, puis tirez la poignée de recopie pour créer automatiquement les autres mois.

Vous pouvez aussi utiliser les options du menu contextuel de la recopie automatique, ouvert en cliquant sur le bouton qui apparaît à proximité de la poignée de recopie, et choisir un autre type de recopie que celui proposé par défaut. Pour qu'Excel recopie le mot *janvier* dans chaque cellule, choisissez l'option Copier les cellules. Pour ne recopier que le format de la cellule d'origine (le gras ou l'italique par exemple, ainsi que les couleurs, les bordures, *etc.*), sélectionnez l'option Ne recopier que la mise en forme. Pour recopier les mois sans recopier la mise en forme de la cellule B2, choisissez l'option Recopier les valeurs sans la mise en forme.

Le Tableau 2.3, dans la section suivante, indique les valeurs initiales susceptibles d'être utilisées pour une recopie automatique et les résultats qu'elle produit.

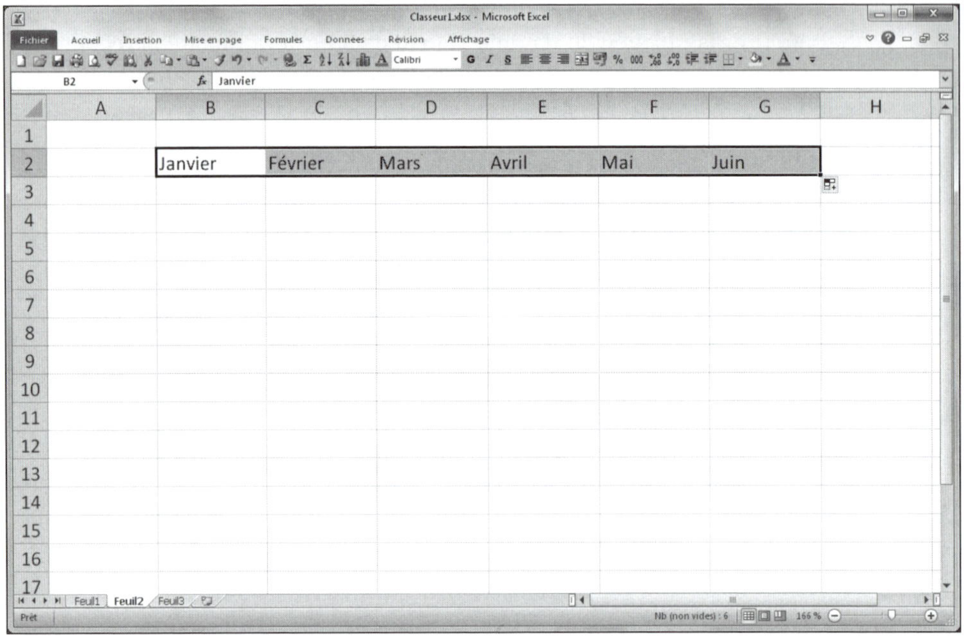

Figure 2.12 : Au moment où vous relâchez le bouton de la souris, Excel remplit les cellules avec les différents mois. Un bouton contextuel affiche un menu permettant de sélectionner un type de recopie.

Travailler avec des séries échelonnées

La recopie automatique utilise la valeur initiale sélectionnée (date, heure, jour, année…) pour produire une série. Toutes les séries énumérées dans le Tableau 2.3 varient de 1 (un jour, un mois, une unité…). Il est toutefois possible de faire en sorte que la recopie automatique s'effectue selon une autre valeur en entrant deux valeurs de départ dans des cellules voisines, qui quantifient la modification d'une valeur à une autre. Ces deux valeurs constitueront la sélection initiale que vous étendrez avec la poignée de recopie.

Par exemple, pour démarrer une série le lundi et entrer un jour sur deux dans une ligne, vous taperez **Samedi** dans une cellule et **Lundi** dans la cellule suivante. Après avoir sélectionné ces deux cellules, tirez la poignée de recopie vers la droite aussi loin que nécessaire. Lorsque vous relâchez le bouton de la souris, Excel remplit les cellules avec la série Mercredi, Vendredi, Dimanche, Mardi, et ainsi de suite.

Tableau 2.3 : Séries susceptibles d'être créées avec la recopie automatique.

Entrée initiale	*Série produite par la recopie automatique*
Juillet	Août, Septembre, Octobre...
Juil	Août, Sept, Oct, Nov...
Mardi	Mercredi, Jeudi, Vendredi...
Mar	Mer, Jeu, Ven, Sam...
01/04/2002	02/04/2002, 03/04/2002, 04/04/2002...
Janv-00	Févr-00, Mars-00, Avr-00...
15-Févr	16-Févr, 17-Févr, 18-Févr...
10:00 PM	11:00 PM, 12:00 PM, 1:00 AM
8:01	9:01, 10:01, 11:01, 12:01...
1er trim	2e trim, 3e trim, 4e trim...
Tr1	Tr2, Tr3, Tr4, Tr5, Tr6...
T3	T4, T1, T2, T3, T4, T1...
Produit 1	Produit 2, Produit 3, Produit 4...
1er produit	2e produit, 3e produit...

Copier avec la recopie automatique

Vous pouvez utiliser la recopie automatique pour copier un texte sur une plage de cellules, mais sans incrémentation. Pour ce faire, maintenez la touche Ctrl enfoncée tout en cliquant et en tirant la poignée de recopie. Un petit signe + apparaît près de la poignée, indiquant qu'une *copie* est en cours, et non une copie incrémentée. Vous pouvez vérifier que l'entrée dupliquée ne change pas en observant l'info-bulle dont le contenu reste identique à celui de la cellule d'origine. Si vous voulez néanmoins incrémenter la recopie, il suffit de cliquer sur le bouton contextuel et de choisir, dans le menu, l'option Incrémenter une série ; les éléments copiés sont aussitôt transformés en série d'éléments numérotés ou successifs.

Alors que maintenir la touche Ctrl enfoncée pendant la recopie automatique empêche l'incrémentation du texte, il en va tout autrement avec les valeurs numériques ! Supposons que vous avez entré le nombre **17** dans une cellule et tirez la poignée de recopie pour remplir les cellules voisines. Dans ce cas, Excel recopie le nombre 17 dans chacune des cellules. Mais si la touche Ctrl est enfoncée, la recopie est incrémentée et donne 18, 19, 20, et ainsi de suite. Si vous avez oublié ce détail et créé une série de nombres incrémentés, alors que vous vouliez simplement recopier le nombre à l'identique dans les cellules, corrigez la manipulation en cliquant sur le bouton contextuel et choisissez l'option Copier les cellules.

Les entrées de la plage

Si vous devez saisir un tableau de données dans un nouveau classeur, vous vous simplifierez le travail – et votre existence – en sélectionnant d'abord toutes les cellules vides qui devront contenir ces données avant même de procéder à leur entrée. Pour cela, placez le pointeur dans la première cellule de ce qui sera le tableau, puis sélectionnez toutes les cellules dans les colonnes et les lignes voisines (reportez-vous au Chapitre 3 pour apprendre à sélectionner des plages de cellules). Enfin, commencez à entrer la première donnée.

Quand vous sélectionnez une *plage* de cellules avant de commencer à entrer des informations, Excel restreint la saisie des données à cette plage de la façon suivante :

- Le logiciel avance automatiquement le pointeur de cellule à la prochaine cellule de la plage lorsque vous cliquez sur le bouton Entrer ou appuyez sur la touche Entrée pour valider une saisie.
- Dans une plage contenant plusieurs lignes et colonnes, Excel fait descendre le pointeur de cellule dans la colonne afin que vous puissiez procéder aux entrées ; lorsqu'il atteint la dernière cellule dans la partie sélectionnée de la colonne, Excel place le pointeur tout en haut de la prochaine colonne à droite. Si le tableau n'occupe qu'une ligne, le pointeur est décalé de gauche à droite.
- Lorsque vous finissez d'entrer des informations dans la dernière cellule de la plage sélectionnée, Excel positionne le pointeur de cellule sur la première cellule du tableau de données qui vient d'être terminé. Pour désélectionner la plage de cellules, cliquez sur l'une des cellules de la feuille de calcul, hors du tableau ou à l'intérieur, ou appuyez sur une touche fléchée.

Veillez à ne pas appuyer sur une touche fléchée pour valider la saisie dans l'une des cellules de la plage sélectionnée, au lieu de cliquer sur le bouton Entrer ou d'appuyer sur la touche Entrée. L'appui sur une touche fléchée désélectionne en effet la plage au moment où Excel déplace le pointeur de cellule. Utilisez l'une de ces méthodes pour déplacer le pointeur de cellule sans désélectionner la plage :

- Appuyez sur Entrée pour passer à la cellule inférieure puis, le moment venu, passer à la prochaine colonne. Appuyez sur Maj + Entrée pour reculer à la cellule précédente.
- Appuyez sur la touche Tab pour passer à la prochaine cellule de la colonne de droite et descendre ensuite dans la colonne. Appuyez sur Maj + Tab pour revenir à la cellule précédente.
- Appuyez sur Ctrl + . (point du pavé numérique) pour aller d'un coin de la plage à un autre.

Améliorer les formules

Précédemment dans ce chapitre, vous avez appris dans la section « Concocter ces fabuleuses formules ! » à créer des formules qui exécutent un certain nombre d'opérations mathématiques simples telles que l'addition, la soustraction, la multiplication et la division. Au lieu de créer des formules complexes à partir de zéro et/ou d'une combinaison plus ou moins compliquée de ces opérations, vous pouvez demander à une fonction d'Excel de se charger de cette tâche.

Une *fonction* est une formule prédéfinie qui exécute un certain type de calcul. Tout ce que vous avez à faire est de fournir les valeurs que cette fonction utilisera pour déterminer le résultat. En jargon de tableur, ces valeurs sont appelées *arguments de la fonction.* À l'instar des fonctions simples, vous pouvez entrer les arguments de la plupart des fonctions soit sous une forme numérique, comme **22** ou **-4,56**, soit, comme c'est souvent le cas, sous la forme d'une référence de cellule (**B10**) ou d'une plage de cellules (**C3:F3**).

Comme pour les formules que vous créez vous-même, chaque fonction doit commencer par le signe = (égal), afin qu'Excel sache que vous allez taper une fonction ou une formule et non du texte. Juste après le signe égal, vous entrez le nom de la fonction (en majuscules ou en minuscules) suivi des arguments indispensables pour que les calculs puissent être effectués. Tous les arguments d'une fonction sont toujours entre parenthèses.

Après avoir tapé le signe égal et commencé à taper les premières lettres du nom de la fonction que vous voulez utiliser, une liste déroulante vous proposant toutes les fonctions dont le nom commence par les lettres que vous venez de taper apparaît juste au-dessous de la cellule. Identifiez le nom de la fonction que vous voulez dans cette liste, double-cliquez dessus, et Excel achève de l'entrer pour vous dans la cellule et dans la Barre de formule, suivi de la parenthèse ouvrante (() qui précède les arguments de la fonction.

Excel affiche alors juste au-dessous de la cellule une info-bulle vous indiquant les arguments attendus par la fonction, et vous pouvez spécifier la cellule ou la plage de cellules que vous voulez utiliser comme premiers arguments, soit en la pointant avec la souris, soit en tapant ses références. Dans le cas d'une fonction à plusieurs arguments, vous pouvez cliquer sur les cellules successives ou parcourir la plage de cellules avec la souris (en maintenant enfoncé son bouton gauche), ou bien vous pouvez taper manuellement les arguments successifs, sans oublier de les séparer par un point-virgule (;).

Après avoir entré le dernier argument, tapez la parenthèse fermante ()) pour indiquer la fin de la liste des arguments. L'info-bulle contenant le nom de la fonction et la liste de ses arguments nécessaires disparaît. Cliquez ensuite sur le bouton Entrer ou appuyez sur Entrée ou sur une touche fléchée pour valider la fonction et obtenir d'Excel qu'il calcule le résultat.

Placer une fonction dans une formule avec l'Assistant Fonction

Bien qu'il soit possible d'entrer une fonction en la tapant directement dans une cellule, Excel met à votre disposition dans la Barre de formule un bouton Assistant Fonction, fort utile pour choisir n'importe laquelle des fonctions intégrées d'Excel. Quand vous cliquez sur ce bouton (après avoir sélectionné la cellule dans laquelle vous voulez insérer la fonction), Excel ouvre la boîte de dialogue Insérer une fonction (voir Figure 2.13) dans laquelle vous pouvez choisir l'une des fonctions prédéfinies. Après en avoir sélectionné une, Excel ouvre la boîte de dialogue Arguments de la fonction dans laquelle vous spécifiez les différents paramètres à utiliser. Le gros intérêt de cette boîte de dialogue se révèle lorsque vous rencontrez une fonction qui ne vous est pas familière ou est vraiment très complexe (certaines sont plutôt trapues). Vous obtiendrez une aide extrêmement détaillée sur les arguments requis en cliquant sur le lien hypertexte `Aide sur cette fonction`, dans le coin inférieur gauche de la boîte de dialogue.

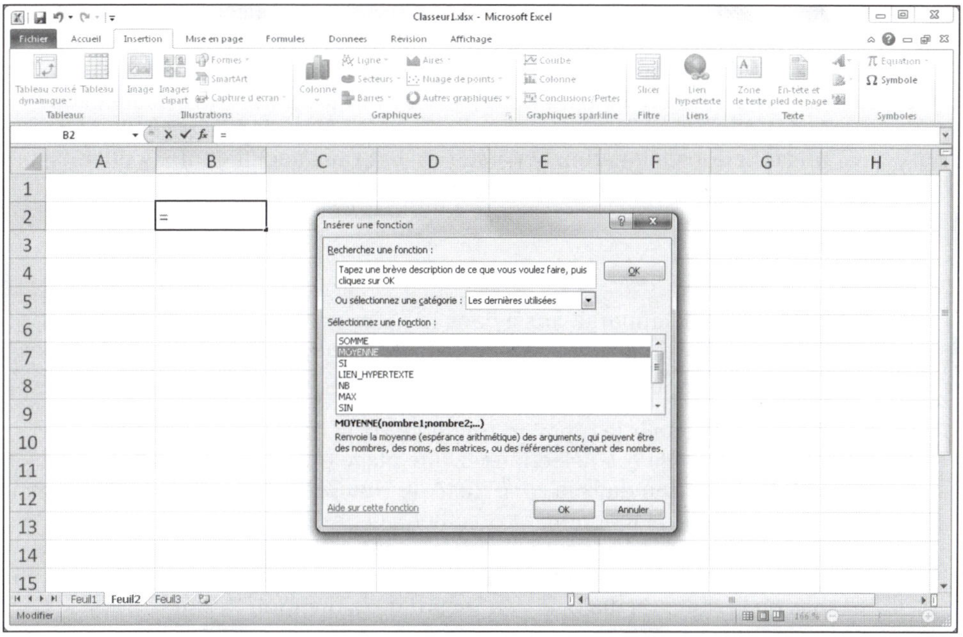

Figure 2.13 : Sélectionnez dans cette boîte de dialogue la fonction à utiliser dans une cellule.

La boîte de dialogue Insérer une fonction contient trois sections : Recherchez une fonction, Ou sélectionnez une catégorie et Sélectionnez une fonction. Lorsque vous ouvrez la boîte de dialogue, Excel sélectionne automatiquement, dans la liste déroulante des catégories de fonctions, la catégorie Les dernières utilisées. Ces fonctions communément utilisées sont listées dans la fenêtre Sélectionner une fonction.

Si la fonction que vous recherchez ne figure pas parmi les plus récemment utilisées, vous devrez la rechercher dans la catégorie appropriée en déroulant la liste Ou sélectionnez une catégorie. Si vous n'avez aucune idée de la catégorie où la chercher, tapez une description de ce que vous voulez en faire dans la fenêtre Recherchez une fonction, puis cliquez sur le bouton OK qui se trouve juste à droite (*NdT* : pas celui d'en bas qui ferme la boîte de dialogue) ou appuyez sur la touche Entrée. Par exemple, pour localiser la fonction qui totalise des valeurs, il suffit d'entrer le mot **total** dans la fenêtre Recherchez une fonction et de cliquer sur OK. Excel affiche ensuite une liste de fonctions effectuant des totaux. Vous pouvez les examiner chacune en cliquant tour à tour dessus. Quand vous sélectionnez une fonction dans cette liste, la boîte de dialogue Insérer une fonction en présente, en bas, tous les arguments suivis d'une description de ce qu'elle fait.

Après avoir localisé et sélectionné la fonction à utiliser, cliquez sur le bouton OK (tout en bas, à gauche d'Annuler) pour insérer la fonction dans la cellule courante et ouvrir la boîte de dialogue Arguments de la fonction. Elle affiche tous les arguments requis ainsi que ceux qui sont facultatifs. Supposons que vous choisissiez, dans la fenêtre Sélectionnez une fonction, la fonction SOMME (qui est sans aucun doute la plus utilisée), puis que vous cliquiez sur OK. Excel insère aussitôt dans la cellule courante :

```
=SOMME ( )
```

Cette fonction apparaît aussi dans la barre de formule, après le signe égal. La boîte de dialogue Arguments de la fonction s'ouvre, affichant les arguments de SOMME.

Pour sélectionner le premier argument de la boîte de dialogue, cliquez dans une cellule (ou sélectionnez une plage de cellules) en laissant le point d'insertion dans la zone de texte Nombre1 de la boîte de dialogue Arguments de la fonction. Excel affiche l'adresse de cellule (ou l'adresse de la plage) dans le champ Nombre1, tout en indiquant, en bas à droite de la zone SOMME, le total calculé. Cette même somme apparaît aussi en bas de la boîte de dialogue, en regard de la mention Résultat =.

Rappelez-vous qu'en sélectionnant des cellules, vous pouvez réduire la taille de cette boîte de dialogue afin qu'elle n'affiche que la ligne Nombre1 ; pour ce faire, cliquez sur le bouton Minimiser, à droite de la zone de texte Nombre1. Après avoir sélectionné les cellules à utiliser comme premier argument, vous pouvez de nouveau déployer la boîte de dialogue en cliquant sur le même bouton à droite du champ Nombre1. Au lieu de minimiser la boîte de dialogue, vous pouvez aussi la mettre momentanément de côté en cliquant dedans et en la faisant glisser ailleurs.

La somme automatique : l'essayer, c'est l'adopter

Je ne peux en finir avec cette intéressante discussion sur la saisie des fonctions sans mentionner le bouton Somme présent dans le groupe Édition de l'onglet Accueil du Ruban. C'est le bouton qui porte la lettre grecque sigma (Σ). Ce petit outil vaut son pesant d'or. Outre qu'il est capable de déterminer la somme, la moyenne, le compte, les valeurs maximale et minimale d'une liste, il sait également sélectionner une plage de cellules dans la colonne courante ou dans la ligne, l'utiliser comme argument et entrer automatiquement le résultat du calcul en tant qu'argument dans une fonction. Neuf fois sur dix, Excel sélectionne correctement la plage de cellules à utiliser ; dans le dixième cas, vous pouvez facilement corriger la sélection en tirant le pointeur de cellule par-dessus la plage à calculer.

Cliquez simplement sur le bouton Somme dans l'onglet Accueil du Ruban chaque fois que vous voulez insérer la fonction Somme dans la cellule sélectionnée. Si vous comptez utiliser ce bouton pour insérer une autre fonction comme MOYENNE, NOMBRE, MAX ou MIN, cliquez sur le triangle pointant vers le bas qui lui est associé et sélectionnez la fonction désirée dans le menu qui apparaît. Remarquez qu'en sélectionnant l'option Autres fonctions, Excel ouvre la boîte de dialogue Insérer une fonction, comme si vous aviez cliqué sur le bouton *fx*, dans la barre de formule.

Stocker les données en lieu sûr

Pour faciliter les sauvegardes, la barre d'outils Accès rapide d'Excel 2010 contient un bouton Enregistrer, reconnaissable à son icône en forme de disquette 3 »1/4. Vous n'avez même pas à cliquer sur l'onglet Fichier pour sélectionner la commande Enregistrer. Encore plus rapide, le raccourci clavier Ctrl + S finit par devenir une seconde nature. N'hésitez pas à l'utiliser, vous n'en abuserez jamais.

Pour enregistrer un fichier pour la première fois sous Windows, cliquez sur le bouton en forme de disquette de la barre d'outils accès rapide, la boite de dialogue Enregistrer sous s'affiche.

Pour sélectionner un nouveau dossier pour y enregistrer le classeur, suivez ces étapes :

1. **Dans le volet de navigation, cliquez sur le nom d'un dossier dans la section Favoris, Bibliothèques, Ordinateur ou Réseau, selon l'emplacement où vous désirez stocker le fichier de classeur Excel.**

2. **Déployez des sous-dossiers en cliquant sur le bouton triangulaire à gauche du dossier en cours.**

3. **Si vous voulez que le classeur soit enregistré dans un nouveau sous-dossier du dossier ouvert dans la boîte de dialogue Enregistrer sous, cliquez sur le bouton Nouveau dossier, dans la barre d'outils de la boîte de dialogue, puis remplacez le nom par défaut par celui que vous voulez lui donner, et appuyez sur Entrée.**

4. **Cliquez sur le bouton Enregistrer pour enregistrer le fichier dans le dossier sélectionné.**

On enjolive tout

Chapitre 3

Dans ce chapitre :

- Sélectionner les cellules à mettre en forme.
- Mettre en forme un tableau de données avec le bouton Mettre sous forme de tableau.
- Appliquer des formats de nombres à des cellules contenant des valeurs.
- Régler la largeur des colonnes et la hauteur des lignes d'une feuille de calcul.
- Masquer des colonnes et des lignes.
- Mettre en forme une plage de cellules en utilisant l'onglet Accueil du Ruban.

Sachez dès à présent qu'entrer des données dans une cellule et mettre ces données en forme sont deux choses très différentes. C'est pourquoi, quand vous entrez de nouvelles données dans une cellule, elles adoptent la mise en forme qui a été définie pour cette cellule. Ce qui vous permet de mettre en forme des cellules vides dans lesquelles vous entrerez ultérieurement des données qui seront à ce moment automatiquement mises en forme.

Sélectionner un groupe de cellules

Une *sélection de cellules* (ou *plage de cellules*) est un ensemble de cellules contiguës susceptibles d'être mises en forme ou modifiées. La petite sélection de cellule, dans une feuille de calcul, se limite à une seule cellule : la cellule dite *active*. Une seule cellule entourée par le curseur de cellule est une sélection d'une cellule. La sélection de cellules la plus vaste comprend toutes les cellules de la feuille de calcul. La plupart des sélections que vous aurez à effectuer se situent dans un moyen terme ; elles concerneront quelques cellules adjacentes disposées en colonne(s) et/ou en rangée(s).

Excel met en évidence une sélection de cellules dans la feuille de calcul en mettant en surbrillance les cellules sélectionnées, à l'exception de la cellule active qui conserve sa couleur normale. La Figure 3.1 montre diverses sélections de cellules de différentes tailles et formes.

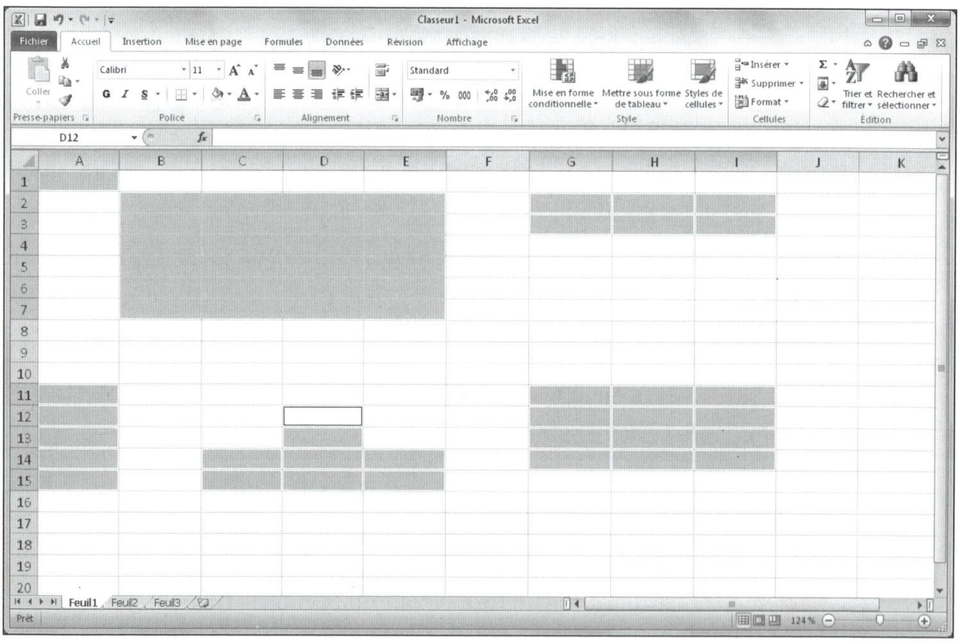

Figure 3.1 : Différentes sélections de diverses tailles et formes.

Les sélections par pointer-cliquer

La souris est l'outil naturel pour sélectionner des plages de cellules : amenez le pointeur de souris (l'épaisse croix blanche) au-dessus de la première cellule, cliquez, puis, bouton de la souris enfoncé, tirez dans la direction où vous désirez étendre la sélection.

- Pour étendre la sélection de cellules vers les colonnes à droite, tirez la souris vers la droite, ce qui met les cellules concernées en surbrillance.
- Pour étendre la sélection vers le bas, tirez vers le bas.
- Pour étendre la sélection à la fois vers le bas et vers la droite, tirez la souris en diagonale vers la cellule située dans le coin inférieur droit de la plage que vous définissez.

Les sélections avec Maj

Pour accélérer la sélection des cellules, vous pouvez utiliser la bonne vieille méthode Maj + clic, qui s'effectue de la façon suivante :

1. **Cliquez sur la première cellule de la sélection.**

   La cellule est sélectionnée.

2. **Déplacez le pointeur de la souris vers la dernière cellule de la sélection.**

   Elle est au coin opposé de la première cellule. Ne cliquez pas encore.

3. **La touche Maj enfoncée, cliquez dans la dernière cellule.**

   Lors de ce second clic, Excel sélectionne dans les lignes et dans les colonnes toutes les cellules situées entre la première et la dernière cellule.

Avec la souris, la touche Maj agit comme *touche d'extension* entre le premier objet sélectionné et le second. L'utilisation de la touche Maj permet de sélectionner la première et la dernière cellule, ainsi que toutes les cellules qui se trouvent entre elles, ou de sélectionner tous les noms de documents dans la liste d'une boîte de dialogue.

Les sélections de cellules non adjacentes

Pour sélectionner des cellules ou des plages non adjacentes, sélectionnez une cellule ou une plage de cellules. Ensuite, touche Ctrl enfoncée, sélectionnez la deuxième cellule ou plage de cellules. Aussi longtemps que la touche Ctrl est enfoncée, Excel ne désélectionne aucune cellule pendant que vous en sélectionnez d'autres.

La touche Ctrl fonctionne avec la souris en tant que *touche d'addition* d'objets. La touche Ctrl permet d'ajouter des cellules à une sélection ou de sélectionner des noms épars dans la liste d'une boîte de dialogue, sans risque de désélection intempestive.

Les sélections de grande envergure

Vous pouvez sélectionner toutes les cellules d'une ligne ou d'une colonne, voire toutes les cellules d'une feuille de calcul, en appliquant les techniques suivantes :

- Pour sélectionner toutes les cellules d'une colonne, cliquez dans la lettre qui l'identifie, en haut de la feuille de calcul.
- Pour sélectionner toutes les lignes d'une colonne, cliquez dans son numéro, à gauche de la feuille de calcul.
- Pour sélectionner plusieurs lignes ou colonnes à la fois, tirez dans les en-têtes de lignes ou de colonnes.
- Pour sélectionner des lignes et/ou des colonnes qui ne sont pas contiguës, maintenez la touche Ctrl enfoncée tout en cliquant et/ou en tirant dans les en-têtes des lignes et des colonnes à placer dans la sélection.
- Pour sélectionner la totalité des cellules d'une feuille de calcul, appuyez sur Ctrl + A ou cliquez sur le bouton de sélection globale. Il se trouve au point de rencontre des en-têtes de lignes et de colonnes, dans le coin supérieur gauche de la feuille de calcul.

Sélectionner des données d'un tableau avec la sélection automatique

Excel propose une méthode de sélection extrêmement rapide, appelée « sélection automatique », pour sélectionner toutes les cellules d'un tableau d'un seul tenant. Procédez comme suit pour utiliser la sélection automatique :

1. **Cliquez dans la première cellule du tableau afin de la sélectionner.**

   Cette cellule se trouve en haut à gauche du tableau.

2. **Maintenez la touche Maj enfoncée tout en double-cliquant, avec le pointeur en forme de flèche, sur le bord droit ou inférieur de la cellule (voir Figure 3.2).**

   Double-cliquer sur le *bas* de la cellule, touche Maj enfoncée, étend automatiquement la sélection jusqu'à la dernière cellule en bas de la première colonne, comme le montre la Figure 3.3. Si vous double-cliquez ensuite sur le bord *droit* de la cellule, la sélection est étendue jusqu'à la dernière colonne à droite de la ligne courante.

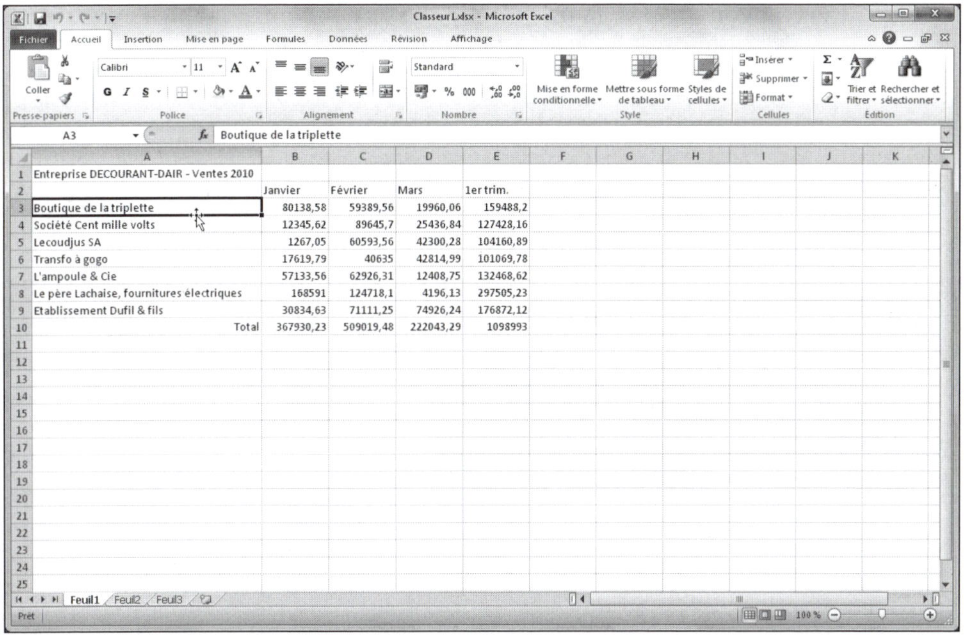

Figure 3.2 : Placez le pointeur de la souris sur le bord droit ou inférieur de la première cellule du tableau.

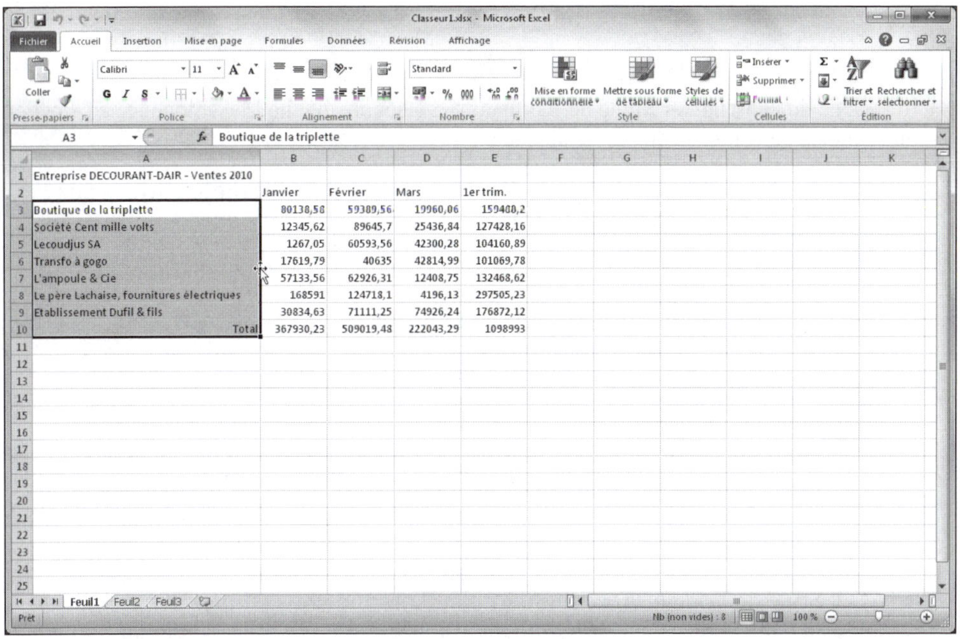

Figure 3.3 : En double-cliquant sur le bord inférieur de la première cellule, touche Maj enfoncée, vous avez étendu la sélection vers le bas.

3a. Si vous avez d'abord sélectionné une colonne, double-cliquez sur le bord droit de la sélection, touche Maj enfoncée (voir Figure 3.3).

Vous sélectionnez ainsi les autres colonnes du tableau, comme l'illustre la Figure 3.4.

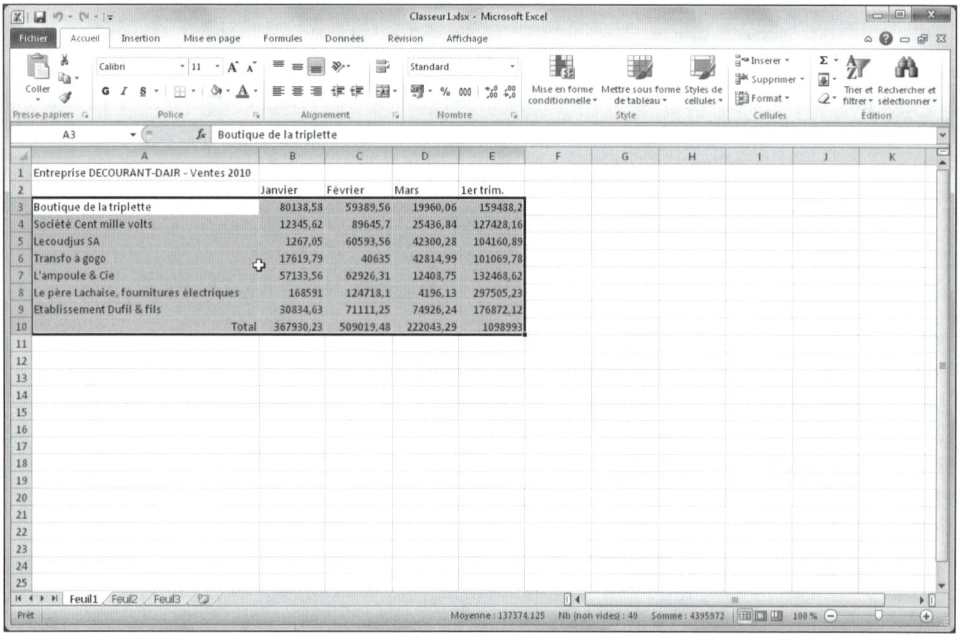

Figure 3.4 : En double-cliquant sur le bord droit de la sélection, touche Maj enfoncée, la sélection s'étend vers les colonnes de droite du tableau.

3b. Si vous avez d'abord sélectionné une ligne, double-cliquez sur le bord inférieur de la sélection, touche Maj enfoncée.

Vous sélectionnez ainsi toutes les lignes restantes du tableau.

La galerie Mettre sous forme de tableau

Voici maintenant une technique de mise en forme qui ne nécessite aucune sélection préalable de cellules. En fait, l'outil Mettre sous forme de tableau est si automatique qu'il suffit pour l'utiliser que le curseur de cellule se trouve n'importe où dans le tableau à mettre en forme avant de cliquer sur le bouton Mettre sous forme de tableau dans le groupe Style de l'onglet Accueil du Ruban. Lorsque vous cliquez sur ce bouton, la galerie des styles de tableau apparaît, chaque style s'affichant sous forme de miniature, celles-ci étant réparties en trois sections : Clair, Moyen et Foncé.

Aussitôt que vous cliquez sur la miniature correspondant au style de votre choix, Excel fait apparaître la boîte de dialogue Mettre sous forme de tableau (Figure 3.5), vous proposant la plage de cellules à laquelle il doit appliquer le style concerné (en marquant le périmètre correspondant dans la feuille de calcul).

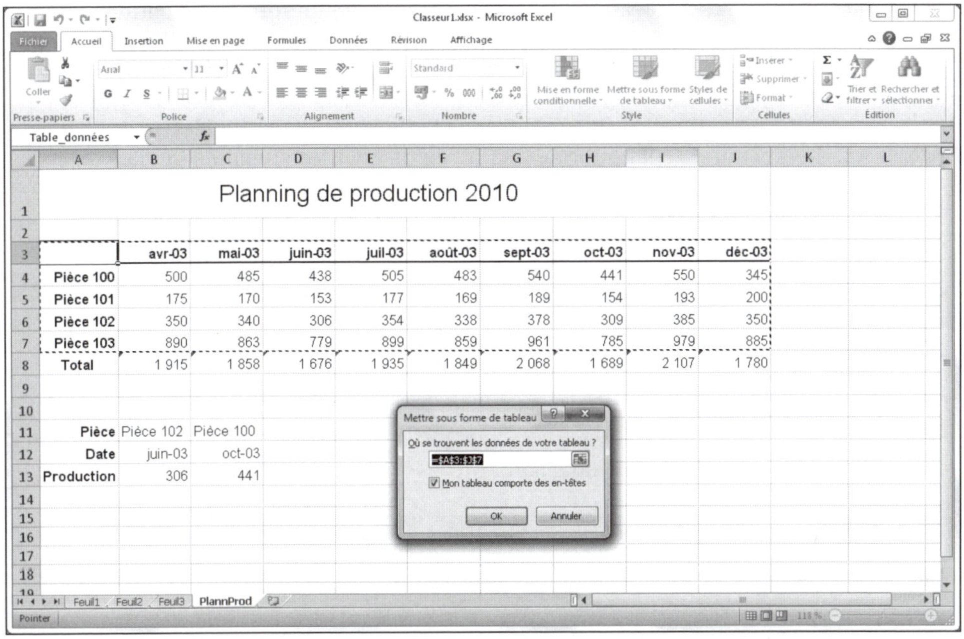

Figure 3.5 : Excel indique l'étendue de cellules à laquelle appliquer le style que vous venez de sélectionner dans la galerie des styles de tableau.

Cette boîte de dialogue contient un champ intitulé « Où se trouvent les données de votre tableau ? » dans laquelle apparaît la plage que vous propose Excel, automatiquement identifiée par lui (et marquée par un contour clignotant dans la feuille de calcul) à partir de la cellule que vous aviez initialement sélectionnée. Elle contient également une case Mon tableau comporte des en-têtes, que vous pouvez cocher pour indiquer à Excel que la première ligne de la plage spécifiée est une ligne d'en-têtes, qui sera donc mise en forme comme telle selon le style sélectionné.

Si Excel n'a pas identifié correctement la plage de cellules à mettre en forme, il suffit de la sélectionner directement dans la feuille de calcul en faisant glisser dessus le pointeur de la souris. La plage correspondante est automatiquement mise à jour dans la boîte de dialogue Mettre sous forme de tableau (qui est par la même occasion devenue Créer un tableau). N'oubliez pas de cocher (ou de décocher) la case Mon tableau comporte des en-têtes si la première ligne de la plage sélectionnée est une ligne d'en-têtes que vous voulez mettre en forme comme telle (ce qui comporte un bouton de tri et de filtrage pour chaque en-tête de colonne).

La galerie des styles de tableau est inactive si vous avez sélectionné une plage de cellules non adjacentes (elle apparaît lorsque vous cliquez sur le bouton Mettre sous forme de tableau, mais il ne se passe rien lorsque vous cliquez sur une miniature).

Lorsque vous cliquez sur OK dans la boîte de dialogue Mettre sous forme de tableau, Excel applique à la plage de cellules spécifiée la mise en forme que vous avez sélectionnée dans la galerie, et les Outils de table – rien à voir avec les cuillères et les fourchettes – apparaissent dans un onglet Création, à l'extrémité du Ruban (Figure 3.6).

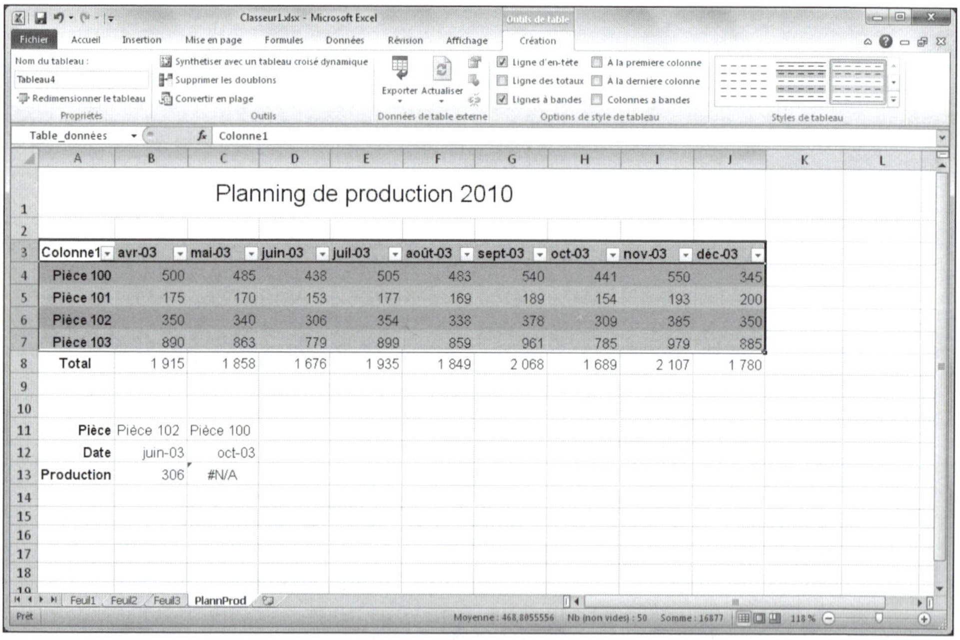

Figure 3.6 : Après avoir appliqué le style de tableau à la galerie, l'onglet Création apparaît sous Outils de table.

En plus de vous permettre de sélectionner facilement une nouvelle mise en forme pour votre tableau, l'onglet Création contient un groupe Options de styles de tableau, vous proposant un certain nombre de cases à cocher pour personnaliser encore plus la mise en forme que vous avez choisie.

L'onglet Création contient une palette de Styles rapides permettant de visualiser instantanément l'effet d'une mise en forme sur votre tableau avant même de la lui appliquer. Cliquez sur le bouton Styles rapides (à l'extrémité droite de l'onglet Création), et déplacez simplement le pointeur de la souris au-dessus des miniatures de la palette. Le tableau prend instantanément la mise en forme de la miniature que survole le pointeur. Si nécessaire, faites défiler la feuille de calcul de manière à ce que la palette ne masque pas votre tableau.

Mettre des cellules en forme avec l'onglet Accueil

Certains tableaux nécessitent une mise en forme plus légère que celles proposées par la galerie des styles de tableau. Vous pouvez par exemple vouloir simplement mettre en gras les en-têtes de colonnes et souligner la ligne des totaux en bas du tableau (en appliquant simplement une bordure inférieure à cette ligne).

Les boutons de mise en forme qui apparaissent dans les groupes Police, Alignement et Nombre de l'onglet Accueil vous permettent de réaliser de telles mises en forme. Les Figures 3.7, 3.8 et 3.9 montrent les différents groupes de mise en forme. Le Tableau 3.1 décrit l'utilisation de chacun d'eux.

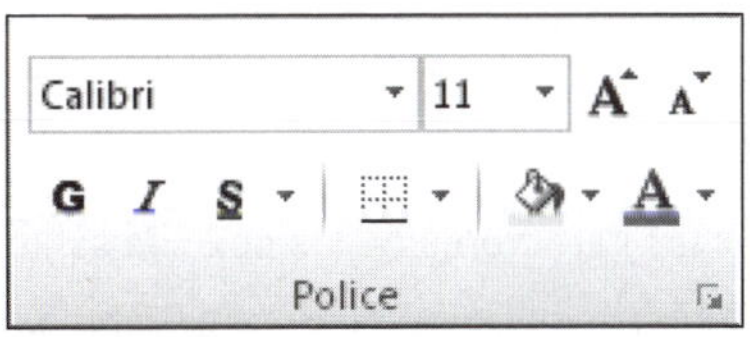

Figure 3.7 : Le groupe Police, sous l'onglet Accueil, contient les outils permettant de modifier l'apparence du texte dans une plage de cellules.

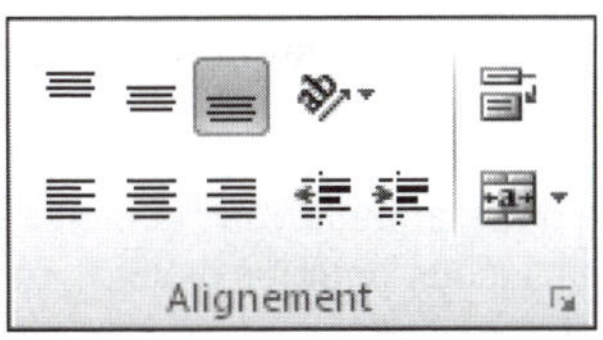

Figure 3.8 : Le groupe Alignement, sous l'onglet Accueil, contient les outils permettant de modifier l'emplacement du texte dans une plage de cellules.

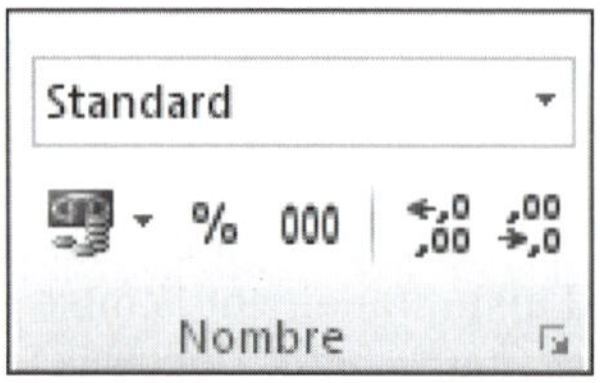

Figure 3.9 : Le groupe Nombre, sous l'onglet Accueil, contient les outils permettant de modifier la présentation des chiffres dans une plage de cellules.

Tableau 3.1 : Les boutons de commande de mise en forme dans les groupes Police, Alignement et Nombre de l'onglet Accueil.

Groupe	*Bouton*	*Fonction*
Police		
	Police	Affiche un menu déroulant permettant de sélectionner une nouvelle police pour la cellule sélectionnée.
	Taille de police	Affiche une liste déroulante de tailles de police parmi lesquelles vous pouvez choisir celle que vous voulez appliquer aux cellules sélectionnées. Vous pouvez aussi entrer manuellement la taille voulue dans ce champ.
	Augmenter la taille de police	Applique à toute la sélection (de caractères ou de cellules) la plus petite taille de la police de la sélection augmentée d'un point.
	Réduire la taille de police	Applique à toute la sélection (de caractères ou de cellules) la plus petite taille de la police de la sélection diminuée d'un point.
	Gras	Met en gras les caractères ou les cellules sélectionnées.
	Italique	Met en italique les caractères ou les cellules sélectionnées.
	Souligner	Souligne les caractères ou les cellules sélectionnées.
	Bordures	Affiche le menu Bordures, qui vous donne le choix entre toutes les possibilités de bordures.
	Couleur de remplissage	Affiche une palette dans laquelle vous pouvez sélectionner une couleur de remplissage pour les cellules sélectionnées.
	Couleur de police	Affiche une palette dans laquelle vous pouvez sélectionner une couleur de police pour la sélection (de caractères ou de cellules).

Groupe	Bouton	Fonction
Alignement		
	Aligner à gauche	Aligne sur le bord gauche de la cellule le contenu de toutes les cellules sélectionnées.
	Centrer	Centre horizontalement dans la cellule le contenu de toutes les cellules sélectionnées.
	Aligner à droite	Aligne sur le bord droit de la cellule le contenu de toutes les cellules sélectionnées.
	Augmenter le retrait	Augmente d'une tabulation pour toutes les cellules sélectionnées l'espace entre le bord gauche de la cellule et son contenu.
	Diminuer le retrait	Réduit d'une tabulation pour toutes les cellules sélectionnées l'espace entre le bord gauche de la cellule et son contenu.
	Aligner en haut	Aligne sur le bord supérieur de la cellule le contenu de toutes les cellules sélectionnées.
	Aligner au centre	Centre verticalement dans la cellule le contenu de toutes les cellules sélectionnées.
	Aligner en bas	Aligne sur le bord inférieur de la cellule le contenu de toutes les cellules sélectionnées.
	Orientation	Affiche un menu permettant de sélectionner différentes orientations angulaires du contenu des cellules sélectionnées.
	Renvoyer à la ligne automatiquement	Renvoie automatiquement à la ligne dans les cellules sélectionnées le texte qui est trop long pour tenir dans la largeur de la colonne, sur autant de lignes que nécessaire.
	Fusionner et centrer	Fusionne les cellules sélectionnées pour en faire une seule cellule, en ne retenant que le contenu de la première cellule de la sélection qui est centrée horizontalement. Ce bouton permet également d'afficher un menu (en cliquant sur le triangle pointant vers le bas qui l'accompagne) vous permettant de choisir entre plusieurs manières de fusionner des cellules, ou d'annuler la fusion pour revenir à la disposition initiale.
Nombre		

Groupe	Bouton	Fonction
	Format de nombre	Affiche le format de nombre appliqué à la cellule active de la sélection. Cliquez sur le triangle pointant vers le bas pour afficher un menu pour sélectionner parmi tous les formats de nombre d'Excel celui que vous voulez appliquer aux cellules sélectionnées (vous pouvez aussi afficher la boîte de dialogue Format de cellule en sélectionnant Autres dans ce menu).
	Monétaire	Applique aux cellules sélectionnées le format Monétaire, qui comporte le séparateur de milliers, l'affichage de deux chiffres après la virgule et le symbole de l'euro (€). La boîte de dialogue Format de cellule vous permet de personnaliser ces paramètres.
	Pourcentage	Applique aux cellules sélectionnées le format Pourcentage, qui multiplie par 100 la valeur entrée dans la cellule et y ajouter le symbole %, sans afficher de décimales.
	Séparateur de milliers	Affiche le contenu des cellules sélectionnées en utilisant le séparateur de milliers.
	Ajouter une décimale	Affiche le contenu des cellules sélectionnées avec un chiffre de plus après la virgule.
	Réduire les décimales	Affiche le contenu des cellules sélectionnées avec un chiffre de moins après la virgule.

Quelques raccourcis clavier à retenir : Ctrl + G active et désactive l'attribut Gras pour la sélection (caractères ou cellules) ; Ctrl + I fait la même chose pour l'attribut Italique ; et Ctrl + U pour l'attribut Souligné.

Mettre en forme des cellules à la source avec la mini-barre d'outils

L'application d'une mise en forme à une sélection de cellule est même encore plus facile dans Excel 2010 grâce à une petite barre d'outils que l'on appelle plus familièrement, mais très sérieusement, la *mini-barre*.

Pour afficher la mini-barre, sélectionnez les cellules à mettre en forme (si vous sélectionnez des caractères dans une cellule, vous aurez une mini-barre plus petite, ne contenant que les outils de mise en forme de caractères), et cliquez du bouton droit dans la sélection. Le menu contextuel apparaît, et juste au-dessus ou au-dessous de celui-ci, la mini-barre, comme le montre la Figure 3.10.

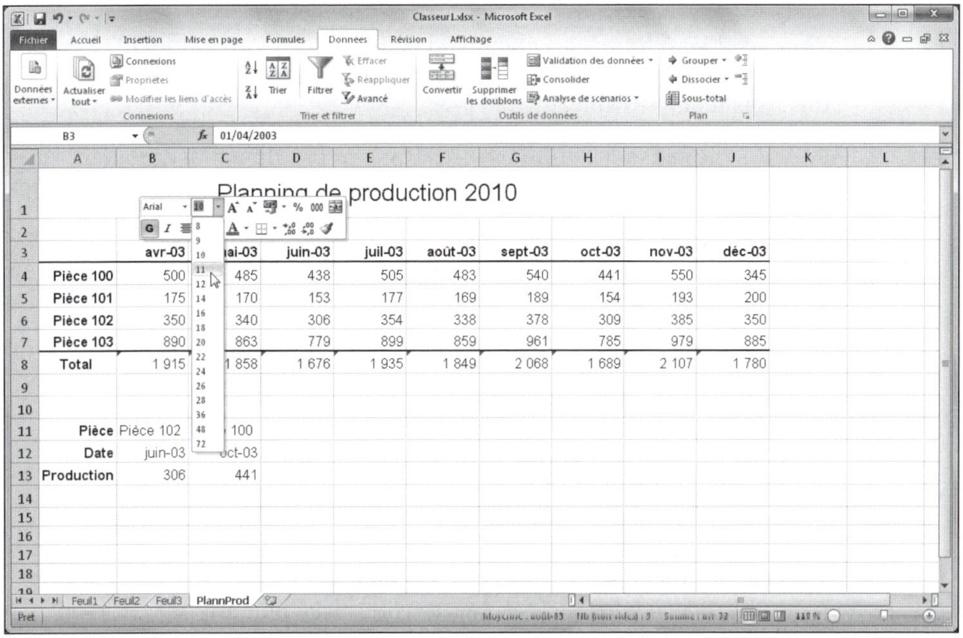

Figure 3.10 : Utilisez les boutons de la mini-barre pour modifier la mise en forme des cellules sélectionnées.

Comme vous le voyez dans cette figure, la mini-barre contient la plupart des boutons du groupe Police de l'onglet Accueil (à l'exception du bouton Souligné). Vous y trouvez aussi le bouton Fusionner et centrer du groupe Alignement (voyez la section « Modifier l'alignement », plus loin dans ce chapitre), et les boutons Monétaire, Pourcentage, Séparateur de milliers, Ajouter une décimale et Réduire les décimales du groupe Nombre (voyez la section « Connaître les formats de nombre », plus loin dans ce chapitre). Cliquez simplement sur ces boutons pour appliquer les mises en forme correspondantes aux cellules sélectionnées.

La mini-barre contient également le bouton Reproduire la mise en forme du groupe Presse-papiers de l'onglet Accueil, ce qui vous permet de copier facilement la mise en forme de la cellule active pour l'appliquer à d'autres cellules.

La boîte de dialogue Format de cellule

Bien que les boutons des groupes Police, Alignement et Nombre de l'onglet Accueil vous donnent un accès immédiat aux commandes de mise en forme les plus utilisées, ils sont loin de représenter toutes les commandes de mise en forme d'Excel.

Pour accéder à toutes les commandes de mise en forme dont dispose Excel, vous devez ouvrir la boîte de dialogue Format de cellule, de l'une des trois manières suivantes :

- En cliquant sur l'option Autres, tout en bas du menu déroulant associé au bouton Format de nombre du groupe Nombre de l'onglet Accueil.
- En cliquant sur le bouton de lancement de boîte de dialogue dans le coin inférieur droit du même groupe Nombre.
- En appuyant sur Ctrl + Maj + 1 (le 1 du clavier principal, pas celui du pavé numérique).

La boîte de dialogue Format de cellule contient six onglets : Nombre, Alignement, Police, Bordure, Remplissage et Protection. Je vais vous montrer comment les utiliser.

Le raccourci clavier qui ouvre la boîte de dialogue Format de cellule, Ctrl + Maj + 1 (le 1 du clavier principal, pas celui du pavé numérique), est bien utile à connaître.

Connaître les formats de nombre

Ainsi que nous l'avons expliqué dans le Chapitre 2, la saisie des valeurs dans la feuille de calcul définit le type de la mise en forme. Voici quelques exemples :

- Lorsque vous saisissez au clavier un chiffre suivi d'un symbole monétaire reconnu par Windows (par défaut : l'euro et le dollar), Excel applique le format Monétaire.
- Si vous entrez une valeur représentant un pourcentage sous la forme d'un entier suivi du signe %, Excel applique automatiquement le format Pourcentage.

- Si vous entrez une date (les dates sont aussi des valeurs) en respectant l'un des formats intégrés, comme 11/06/02 ou 11-juin-02, le logiciel affecte un format de nombre Date et lui attribue une valeur interne spéciale qui est la représentation de cette date.

Bien qu'il soit possible de mettre les valeurs en forme de cette manière au cours de la saisie, ce qui est nécessaire pour les dates, vous n'êtes pas obligé de procéder de la sorte. Vous pouvez à tout moment affecter un format de nombre à un groupe de valeurs avant ou après les avoir entrées. À vrai dire, formater les nombres après les avoir saisis est souvent le moyen le plus efficace, car la procédure s'effectue en deux étapes seulement :

1. **Sélection des valeurs nécessitant une mise en forme.**

2. **Sélection du format de nombre à appliquer, soit en utilisant les boutons de mise en forme de l'onglet Accueil, soit en utilisant l'onglet Nombre de la boîte de dialogue Format de cellule.**

Même si vous êtes vraiment très doué pour la frappe et préférez entrer directement les valeurs sous leur forme définitive, vous devrez néanmoins recourir aux formats de nombre pour faire en sorte que les valeurs calculées par les formules correspondent à d'autres valeurs que vous aurez entrées, et ce parce qu'Excel applique un format de nombre Standard – celui que la boîte de dialogue Format de cellule définit comme « n'ayant pas de format de nombre spécifique » – à toutes les cellules qu'il calcule ainsi qu'à toutes les entrées qui ne correspondent pas à l'un de ses formats de nombre. Le plus gros problème du format de nombre Standard est qu'il a la désagréable habitude de supprimer tous les zéros qui précèdent un nombre, et aussi ceux qui suivent les décimales, d'où l'impossibilité de les aligner parfaitement dans les colonnes, selon la virgule décimale.

Ce triste comportement est visible Figure 3.11, qui représente un tableau de résultats commerciaux sans qu'aucune valeur n'ait été mise en forme. Remarquez comme les chiffres se calent maladroitement contre le bord droit selon le nombre de décimales, sans aucun alignement sur la virgule décimale. Cette mauvaise présentation est causée par le format de nombre Standard d'Excel. Le seul moyen d'y remédier est de choisir un format de nombre plus rationnel.

Appliquer un style Monétaire

Du fait de la nature financière de la plupart des feuilles de calcul, vous serez sans doute amené à utiliser le format Monétaire plus souvent qu'un autre. C'est une mise en forme très facile à appliquer, puisqu'il vous suffit pour cela de cliquer sur le bouton Monétaire dans l'onglet Accueil du Ruban.

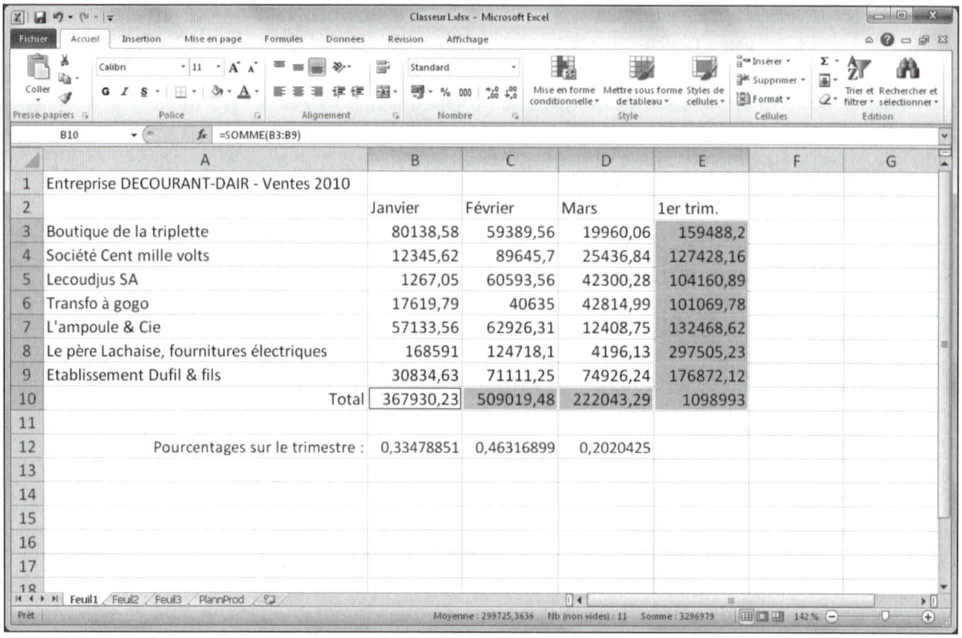

	A	B	C	D	E
1	Entreprise DECOURANT-DAIR - Ventes 2010				
2		Janvier	Février	Mars	1er trim.
3	Boutique de la triplette	80138,58	59389,56	19960,06	159488,2
4	Société Cent mille volts	12345,62	89645,7	25436,84	127428,16
5	Lecoudjus SA	1267,05	60593,56	42300,28	104160,89
6	Transfo à gogo	17619,79	40635	42814,99	101069,78
7	L'ampoule & Cie	57133,56	62926,31	12408,75	132468,62
8	Le père Lachaise, fournitures électriques	168591	124718,1	4196,13	297505,23
9	Etablissement Dufil & fils	30834,63	71111,25	74926,24	176872,12
10	Total	367930,23	509019,48	222043,29	1098993
11					
12	Pourcentages sur le trimestre :	0,33478851	0,46316899	0,2020425	

Figure 3.11 : Les nombres comportant des décimales ne s'alignent pas correctement lorsque le format de nombre Standard est utilisé.

N'oubliez pas que le format Monétaire ajoute le symbole de l'euro (€), affiche la valeur avec deux décimales et utilise le séparateur de milliers. De plus, si vous saisissez une valeur entre parenthèses, elle sera considérée comme négative et affichée avec un signe moins (–).

Comme le montre la Figure 3.12, seules les cellules qui ont été sélectionnées (plages E3:E10 et B10:D10) ont reçu le format Monétaire. Il a été appliqué en cliquant sur le bouton Monétaire du groupe Nombre de l'onglet Accueil (son icône montre un billet de banque et des pièces).

Bien qu'il soit possible de mettre toutes les valeurs du tableau en format Monétaire, il en résulterait une surabondance de signes euro. Je ne l'ai donc fait apparaître que dans les totaux mensuels et trimestriels.

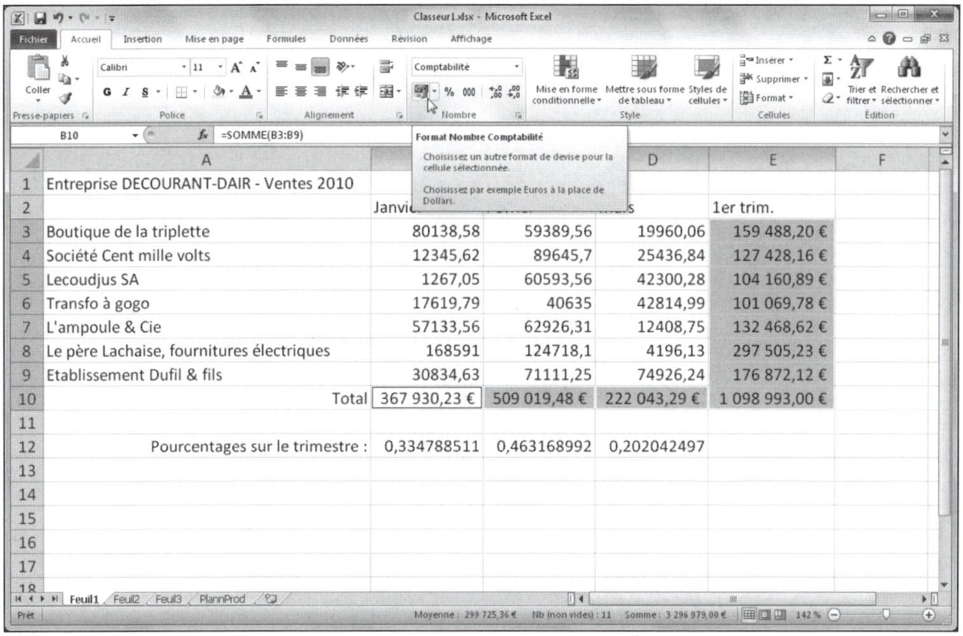

Figure 3.12 : Les totaux ont été présentés en euro en cliquant sur le bouton Monétaire de l'onglet Accueil.

Présenter les cellules avec le style Séparateur de milliers

Le format Séparateur de milliers est une excellente alternative au format Monétaire, car, comme ce dernier, il permet de séparer les milliers, les millions, les milliards, *etc.*

Ce format règle aussi le nombre de décimales et la représentation des nombres négatifs. Mais il n'affiche aucun symbole monétaire. Observez Figure 3.13 comment le bouton d'activation du format Séparateur de milliers, présent dans l'onglet Accueil du Ruban, a affiché les nombres sélectionnés.

Le format Séparateur de milliers convient très bien pour des résultats commerciaux comme ceux de la Figure 3.13. C'est ce format que j'ai appliqué aux cellules contenant les ventes mensuelles. Pour cela, j'ai sélectionné les cellules de la plage B3:D9, et j'ai cliqué sur le bouton Séparateur de milliers (000) dans le groupe Nombre de l'onglet Accueil.

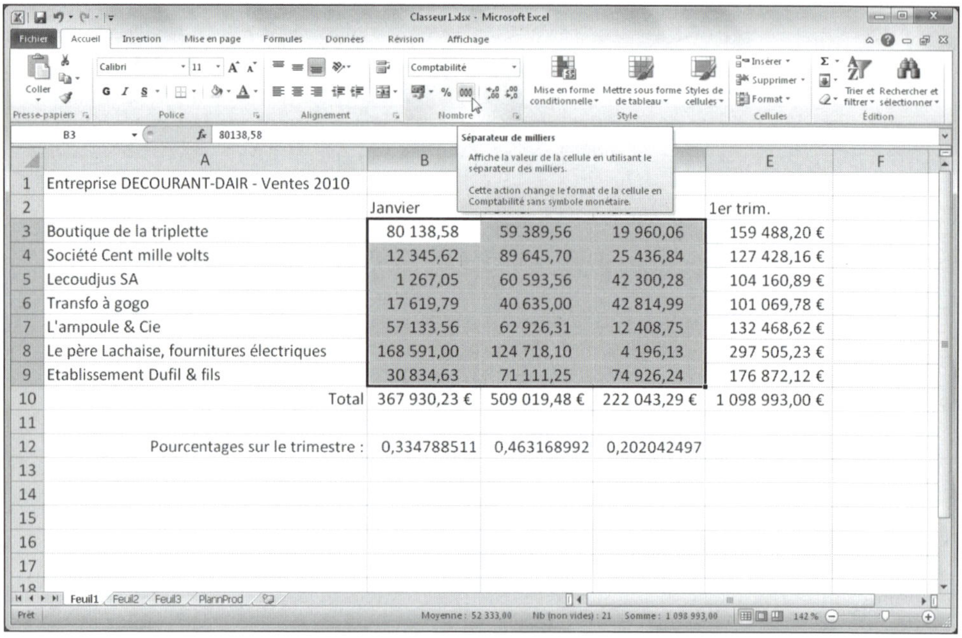

Figure 3.13 : Les chiffres des ventes viennent d'être mis en forme avec le bouton Séparateur de milliers.

Remarquez Figure 3.13 comment le format Séparateur de milliers gère les décimales ; les chiffres sont désormais parfaitement alignés sur la virgule décimale, et surtout par rapport à la virgule qui se trouve dans les totaux mis en forme avec le format Monétaire. Ils ont même été légèrement décalés vers la gauche pour parfaire l'alignement.

Le format Pourcentage

De nombreuses feuilles de calcul contiennent des pourcentages (taux d'intérêt, de croissance, d'inflation, *etc.*). Pour entrer un pourcentage dans une cellule, commencez par cliquer dessus pour la sélectionner, cliquez sur le bouton Style de pourcentage dans le groupe Nombre de l'onglet Accueil, entrez directement le pourcentage voulu s'il est supérieur à 1 (par exemple, entrez **12** pour 12 %), et appuyez sur Entrée. Si vous avez entré par exemple **12** ou **54**, vous voyez apparaître 12 % ou 54 % dans la cellule. Pour entrer un pourcentage inférieur à 1 %, vous devez entrer la valeur numérique correspondante (par exemple, .005 pour 0,5 %). Dans ce cas, vous verrez apparaître 1 % dans la cellule, car le format Pourcentage n'affiche que les valeurs entières. Ce qui n'empêche pas, naturellement, de voir apparaître dans la Barre de formule la valeur exacte que vous avez entrée, sous forme de pourcentage (dans l'exemple précédent, 0,5 %).

En revanche, si vous appliquez le format Pourcentage à une cellule après y avoir entré une valeur, celle-ci est multipliée par 100 pour être convertie en pourcentage (si vous appliquez le format Pourcentage à une cellule qui contient la valeur 12, vous voyez apparaître 1 200 % dans la cellule).

Pour entrer une série de pourcentages dans une feuille de calcul, le plus commode est donc d'utiliser la première méthode : sélectionner la plage de cellules, cliquer sur le bouton Style de pourcentage pour lui appliquer le format Pourcentage, et entrer directement les pourcentages.

La Figure 3.14 montre la situation inverse ou des valeurs calculées par une formule ont été converties en pourcentages par l'application aux cellules correspondantes du format pourcentage. C'est ce que vous pouvez voir dans la ligne 12 de cette feuille de calcul, qui montre le ratio, calculé par une formule, du total des ventes par mois par rapport au total des ventes du trimestre (cellule E10). Dans la Figure 3.14, ces valeurs ont été converties en pourcentage par application aux cellules correspondantes du format Pourcentage, après y avoir entré les formules.

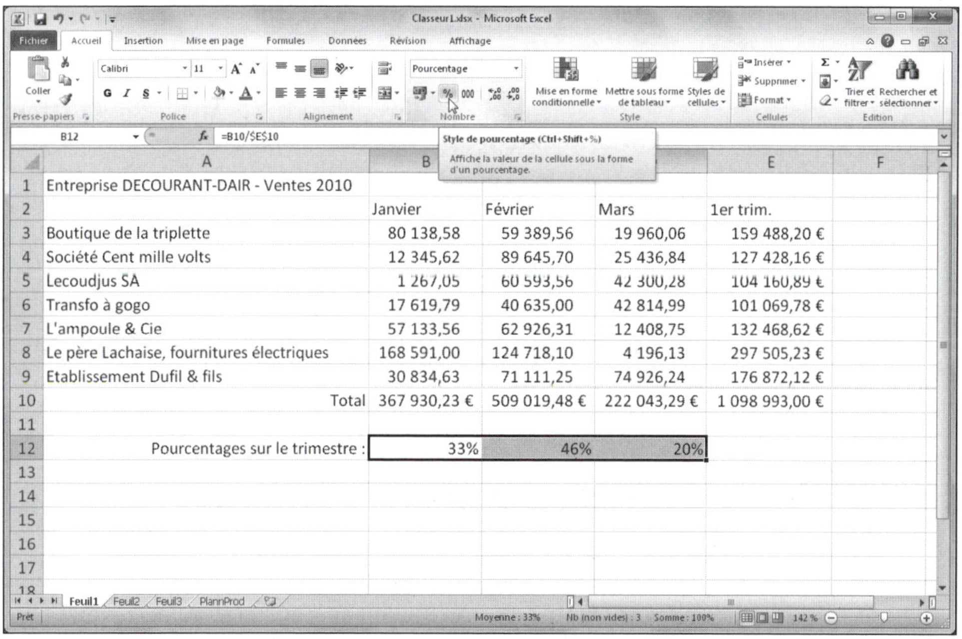

Figure 3.14 : Les pourcentages ont été mis en forme avec le format Pourcentage.

Définir les décimales

Il est possible d'augmenter et de réduire le nombre des décimales d'un nombre ayant reçu un format Monétaire, Séparateur de milliers ou Pourcentage en cliquant tout simplement sur les boutons Ajouter une décimale et Réduire les décimales. Ces deux commandes se trouvent dans le groupe Nombre de l'onglet Accueil.

Chaque fois que vous cliquez sur le bouton Ajouter une décimale (celui avec une flèche pointée vers la gauche), Excel place une autre décimale après la virgule. Dans la Figure 3.15, deux décimales ont été ainsi ajoutées aux pourcentages de la plage B12:D12. Remarquez que le bouton Pourcentage ne définit jamais de décimales ; vous les obtenez avec le bouton Ajouter une décimale.

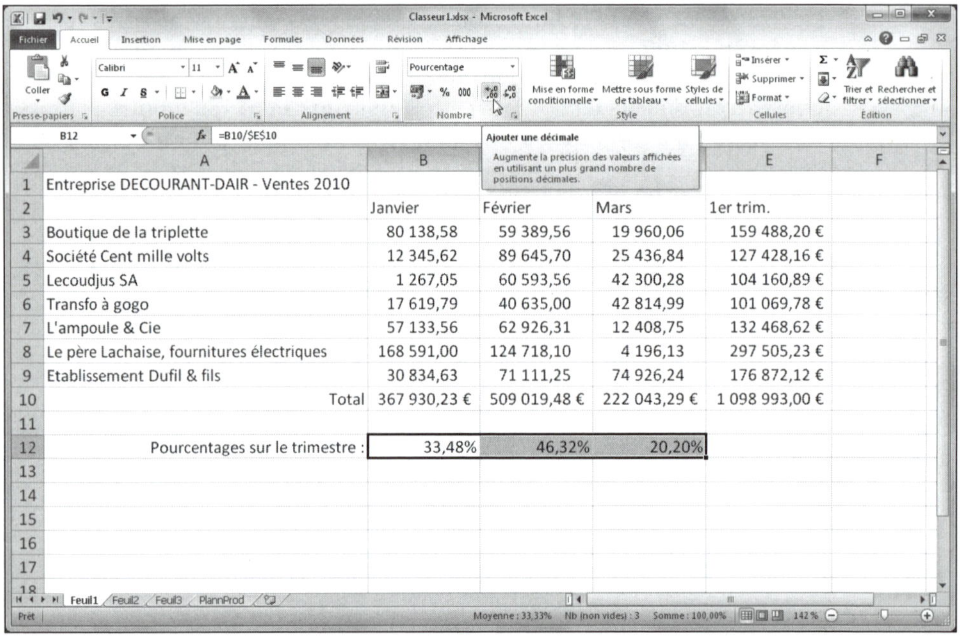

Figure 3.15 : Deux décimales ont été ajoutées aux pourcentages des ventes.

Dates et heures dans les calculs

Dans le Chapitre 2, j'ai indiqué qu'il était très simple de créer des formules qui calculent le temps écoulé entre deux dates ou deux heures. Le hic est qu'Excel affiche automatiquement le résultat du calcul au format date ou heure. Par exemple, si vous entrez 15-8-04 dans la cellule B4, 15/4/04 dans la cellule C4 et, dans la cellule E4, la formule suivante permettant de trouver le nombre de jours écoulés entre les deux dates :

```
=B4-C4
```

Excel renvoie le résultat de 122 déguisé en 01/05/1900 dans la cellule E4. Pour remettre en forme ce résultat, vous devez affecter le format Nombre à la cellule E4 (ouvrez le menu du bouton Format de nombre dans le groupe Nombre de l'onglet Accueil, et sélectionnez Nombre). La valeur 122 remplace alors 01/05/1900, indiquant que 122 jours se sont écoulés entre les deux dates.

Il en va de même avec les formules calculant le temps écoulé entre deux heures. Vous devez modifier le format de la cellule abritant le résultat. Prenons un exemple : vous saisissez 8:00 AM dans la cellule C8, 4:00 PM dans la cellule D8 et, dans la cellule E8, la formule suivante permettant de calculer le nombre d'heures écoulées entre ces deux instants :

```
=D8-C8
```

Il vous faut là aussi transformer au format Standard le résultat de la cellule E8, qui apparaît automatiquement sous la forme 8:00 AM. Une fois converti, le résultat est de 0,333333333 à la place de 8:00 AM, soit sa fraction sur une période de 24 heures. Pour obtenir le nombre d'heures correspondant, il suffit de multiplier 0,333333333 par 24, ce qui donne 8.

Un coup d'œil sur les différents formats de nombre

Excel prend en charge d'autres formats que Monétaire, Séparateur de milliers et Pourcentage. Pour les utiliser, sélectionnez la cellule ou la plage à mettre en forme, puis cliquez dedans avec le bouton droit de la souris. Dans le menu contextuel qui apparaît, sélectionnez l'option Format de cellule (ou appuyez sur Ctrl + Maj + 1 [le 1 du clavier principal]). Dans les deux cas, la boîte de dialogue Format de cellule apparaît.

Dans la boîte de dialogue Format de cellule, cliquez sur l'onglet Nombre puis sélectionnez le format désiré dans la liste Catégorie. Certains, comme Date, Heure, Fraction et Spécial, proposent un choix encore plus étendu de formats. D'autres, comme Nombre et Monétaire, possèdent leur propre boîte permettant de paramétrer la mise en forme. Chaque fois que vous sélectionnez un format, Excel affiche dans la zone Exemple la présentation de la première cellule de la plage sélectionnée. Si cet aperçu vous convient, cliquez sur OK ou appuyez sur Entrée pour appliquer la mise en forme choisie aux cellules sélectionnées.

La catégorie Spécial de la boîte de dialogue Format de cellule, onglet Nombre, contient des mises en forme très particulières, comme **Sécurité sociale**, **Code postal** et **Numéro de téléphone**.

Régler les co[lonnes]

pr régler les colonnes sélectionner les en tête + dble cliq ds l'1 des en têtes

Si Excel 2 … ırgeur des colonnes, vous n'au … ıe. Le moyen le plus simple de … ı plus appropriée grâce à la … emande à Excel de réduire c … le contenu le plus long qui …

Procédez … ıutomatique aux colonnes …

1. **Plac… …rise de droite de l'en-… … de calcul.**

   Le p… … flèche pointant vers la ga…

2. **Dou…**

   Excel ajuste automatiquement la largeur de la colonne selon la donnée la plus longue qui s'y trouve.

L'ajustement automatique peut être appliqué à plusieurs colonnes à la fois. Il suffit de sélectionner toutes les colonnes à régler (si elles sont adjacentes, cliquez et tirez dans leur en-tête ; sinon, touche Ctrl enfoncée, cliquez dans les différents en-têtes). Après avoir sélectionné les colonnes, double-cliquez sur n'importe quelle bordure de droite d'un en-tête.

L'ajustement automatique ne produit pas toujours le résultat escompté : un titre très long qui déborde sur les autres cellules, à droite, est exagérément élargi.

Si l'ajustement automatique ne vous convient pas, au lieu de double-cliquer, tirez la bordure de droite de l'en-tête jusqu'à ce que vous ayez obtenu la largeur désirée. Cette méthode manuelle est parfaite pour régler plusieurs colonnes à la fois. La largeur de celle que vous ajustez sera répercutée sur toutes celles qui sont sélectionnées.

Ajuster les lignes

Le réglage de la hauteur des lignes est comparable à celui de la largeur des colonnes, à ce détail près que vous serez moins souvent amené à ajuster des lignes que des colonnes. Excel modifie en effet automatiquement la hauteur de ligne selon les entrées, notamment lors d'un changement de taille de police ou d'un retour à la ligne à l'intérieur d'une cellule. Ces cas seront évoqués dans la section « Modifier l'alignement », plus loin dans ce chapitre. La plupart des modifications de hauteur de ligne sont effectuées pour augmenter l'espace réservé au titre d'un tableau sans ajouter des lignes vides (nous y reviendrons dans la section « De haut en bas », plus loin dans ce chapitre).

Pour augmenter la hauteur d'une ligne, tirez le bas de l'en-tête de ligne jusqu'à ce que vous ayez obtenu la hauteur désirée, puis relâchez le bouton de la souris. Pour réduire la hauteur d'une ligne, inversez la manipulation en faisant remonter le bas de l'en-tête. Pour appliquer un ajustement automatique, double-cliquez sur la bordure inférieure de l'en-tête.

On la voit, on ne la voit plus !

Un détail amusant concernant les lignes et les colonnes : il est possible de les réduire à tel point qu'elles semblent avoir disparu de la feuille de calcul ! Ce comportement est très pratique pour masquer des données. Supposons qu'une feuille de calcul contienne la liste des employés et leur salaire ; vous avez besoin de ces chiffres pour calculer un budget, mais vous ne tenez pas à ce que ces données sensibles apparaissent dans le rapport imprimé. Au lieu de perdre du temps à déplacer la colonne des salaires hors de la zone à imprimer, il suffit de masquer la colonne au moment de l'impression.

Masquer et afficher des colonnes

Bien qu'il soit possible de masquer des lignes et des colonnes manuellement, Excel propose une méthode autrement plus rapide et efficace, par l'option Masquer & afficher du menu du bouton Format du groupe Cellules de l'onglet Accueil. Supposons que vous deviez masquer la colonne B d'une feuille de calcul parce qu'elle contient des informations sensibles ou sans rapport avec le sujet. Pour masquer cette colonne, suivez ces étapes :

1. **Cliquez sur une cellule quelconque de la colonne B pour la sélectionner.**

2. **Cliquez sur le bouton Format du groupe Cellules de l'onglet Accueil pour faire apparaître son menu.**

3. **Dans ce menu, sélectionnez Masquer & afficher/Masquer les colonnes.**

La colonne *s'évanouit !* Toutes les informations de la colonne B disparaissent de la feuille de calcul. Remarquez notamment la succession des lettres des en-têtes de colonnes : A, C, D, E... Il manque la lettre B.

Vous obtiendriez le même résultat en cliquant dans l'en-tête de la colonne avec le bouton droit de la souris et en choisissant, dans le menu contextuel, l'option Masquer.

Supposons maintenant que vous ayez imprimé la feuille de calcul et qu'il vous faut modifier une des entrées de la colonne B. Procédez comme suit pour réafficher la colonne :

1. **Placez le pointeur de la souris sur l'en-tête de la colonne A, puis tirez-le vers la droite pour sélectionner les colonnes A et C.**

   En tirant de A à C, vous incluez la colonne B dans la sélection. Ne cliquez surtout pas sur A *et* C, touche Ctrl enfoncée, car vous omettriez la colonne B.

2. **Cliquez sur le bouton Format du groupe Cellules de l'onglet Accueil pour faire apparaître son menu.**

3. **Dans ce menu, sélectionnez Masquer & afficher/Afficher les colonnes.**

Excel fait réapparaître la colonne B ; les trois colonnes A, B et C sont sélectionnées. Pour les désélectionner, cliquez sur n'importe quelle cellule de la feuille de calcul.

Il est aussi possible de réafficher la colonne B en sélectionnant les colonnes A à C, en cliquant sur l'une d'elles avec le bouton droit de la souris et en choisissant la commande Afficher dans le menu contextuel.

Masquer et afficher des lignes

La procédure est exactement la même pour masquer et afficher des lignes que pour masquer et afficher des colonnes, à la seule différence qu'après avoir sélectionné les lignes voulues, il suffit de sélectionner Masquer & afficher/Masquer les lignes (au lieu de Masquer les colonnes) et Masquer & afficher/Afficher les lignes (au lieu de Afficher des colonnes) dans le menu affiché par le bouton Format de l'onglet Accueil.

N'oubliez pas que vous pouvez aussi cliquer du bouton droit sur la ligne ou les lignes sélectionnées pour sélectionner Masquer ou Afficher dans le menu contextuel qui apparaît.

Du côté de la police

Quand vous ouvrez une nouvelle feuille de calcul, Excel assigne une même police à la même taille à toutes les entrées auxquelles vous procédez. Excel 2010 utilise la police Calibri de 11 points (en typographie, le corps d'une police, c'est-à-dire sa taille, est exprimée en points). Bien que cette police convienne parfaitement pour la saisie, vous serez tenté d'en choisir d'autres pour agrémenter les titres et les en-têtes d'un tableau.

Si vous ne tenez pas à conserver la police standard utilisée par Excel, vous pouvez en spécifier une autre dans l'onglet Général de la boîte de dialogue Options Excel (Fichier/Options). Dans la section Lors de la création de classeurs, sélectionnez la police que vous voulez utiliser par défaut en la choisissant dans la liste déroulante Utiliser cette police. Sélectionnez également si nécessaire la taille que vous voulez utiliser par défaut dans la liste déroulante Taille de la police (vous pouvez aussi l'entrer manuellement).

La plupart des choix concernant la police peuvent être effectués directement depuis le groupe Police de l'onglet Accueil, ce qui évite d'avoir à afficher la boîte de dialogue Format de cellule.

- Pour appliquer une nouvelle police à une cellule ou à une plage, cliquez sur le bouton fléché du champ Police, dans le groupe Police de l'onglet Accueil. Sélectionnez ensuite le nom de la police à utiliser. Remarquez qu'Excel affiche le nom de chaque police avec sa typographie réelle, ce qui facilite le choix.

- Pour modifier la taille de la police, cliquez sur le bouton fléché du champ Taille de police, dans le groupe Police de l'onglet Accueil, et sélectionnez une nouvelle taille dans la liste.

Vous pouvez aussi appliquer du **gras**, de l'*italique*, un souslignement ou ~~barrer~~ des données. Le groupe Police de l'onglet Accueil contient les boutons permettant d'appliquer ou de supprimer les trois premiers styles ; remarquez que ces boutons reçoivent un fond orange (au lieu du bleu habituel) chaque fois que vous sélectionnez une cellule dont le contenu a reçu l'attribut correspondant. Lorsque vous cliquez sur l'un de ces boutons afin de supprimer le style dans la cellule sélectionnée, il reçoit à nouveau le fond bleu qui indique que la cellule sélectionnée n'a plus l'attribut correspondant.

Vous procéderez probablement à la plupart des modifications de police à partir de l'onglet Accueil du Ruban, mais il vous sera parfois plus commode de les faire sous l'onglet Police de la boîte de dialogue Format de cellule.

Comme le montre la Figure 3.16, l'onglet Police de la boîte de dialogue Format de cellule réunit tous les paramètres de police, y compris les styles (gras, italique...), les effets (barré, exposant et indice) et les couleurs. Si vous devez effectuer plusieurs modifications de police dans une sélection, travailler avec cet onglet Police sera beaucoup plus rapide et rationnel. La boîte de dialogue contient d'ailleurs une fenêtre d'aperçu qui montre l'effet – à l'écran du moins – des différents paramètres.

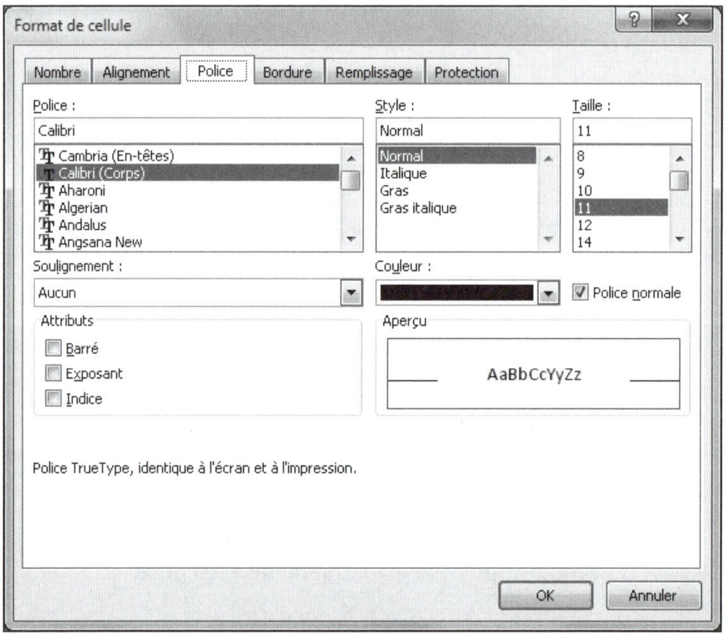

Figure 3.16 : L'onglet Police de la boîte de dialogue Format de cellule permet d'appliquer plusieurs modifications à la fois.

Pour changer la couleur de police dans des cellules sélectionnées, cliquez sur le triangle pointant vers le bas du bouton Couleur de police dans le groupe Police de l'onglet Accueil, et sélectionnez la couleur que vous voulez appliquer au texte des cellules dans la palette qui apparaît. N'oubliez pas que, selon le principe des Styles rapides, il vous suffit de placer le pointeur sur une couleur dans la palette pour voir le texte des cellules sélectionnées prendre la couleur correspondante. Pour appliquer effectivement la couleur choisie, cliquez dessus.

Modifier l'alignement

Lorsque vous commencez à saisir des entrées, leur alignement dans les cellules dépend de leur type. Tous les textes sont alignés à gauche et toutes les valeurs à droite. Vous pouvez cependant modifier cette disposition à votre guise.

Le groupe Alignement de l'onglet Accueil contient trois outils d'alignement : Aligné à gauche, Au centre et Aligné à droite. Ils disposent le contenu de la cellule ou d'une plage exactement comme vous le désirez. À droite de ces boutons d'alignement, se trouve le bouton Fusionner et centrer.

Ce bouton mérite d'être connu, car il sert à centrer instantanément un titre sur toute la largeur d'un tableau. Les Figures 3.17 et 3.18 montrent comment l'utiliser. Dans la Figure 3.17, remarquez que le titre « Entreprise DECOURANT-DAIR - Ventes 2010 » se trouve dans la cellule A1. Comme ce texte est assez long, il déborde sur les cellules à droite (B1 et C1). Pour centrer ce titre dans le tableau, qui s'étend des colonnes A à E, sélectionnez la plage de cellules A1:E1 puis, dans le groupe Alignement de l'onglet Accueil, cliquez sur le bouton Fusionner et centrer.

Observez le résultat dans la Figure 3.18 : dans la ligne 1, les cellules des colonnes A à E ont été fusionnées en une seule cellule, et le titre a été parfaitement centré dans cette « supercellule » qui s'étend d'un côté à l'autre du tableau.

Si vous devez de nouveau scinder une cellule fusionnée en cellules distinctes, sélectionnez-la, puis cliquez tout simplement à nouveau sur le bouton Fusionner et centrer dans le groupe Alignement de l'onglet Accueil.

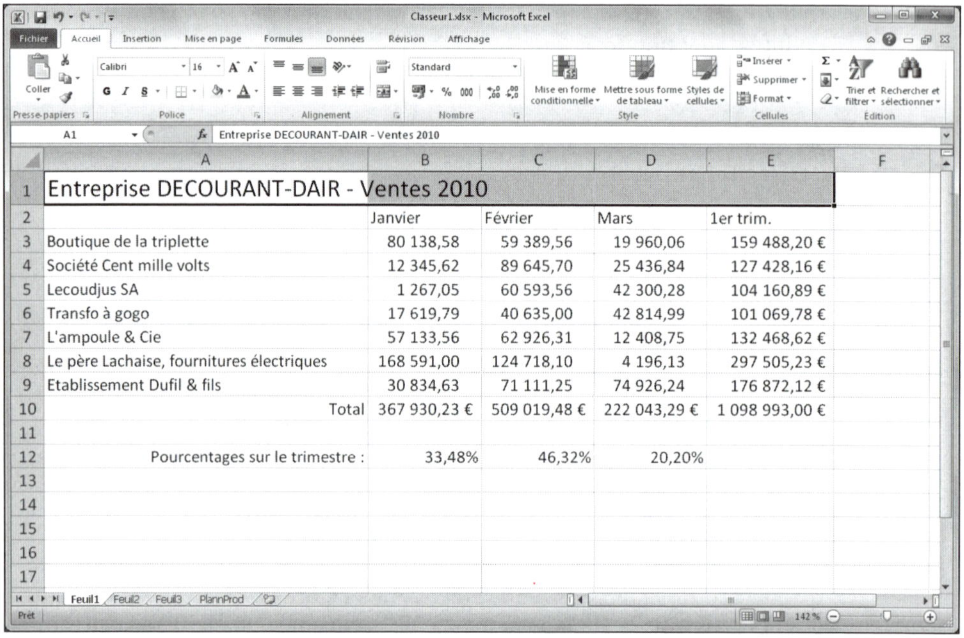

Figure 3.17 : Un titre dans la feuille de calcul, avant Fusionner et centrer.

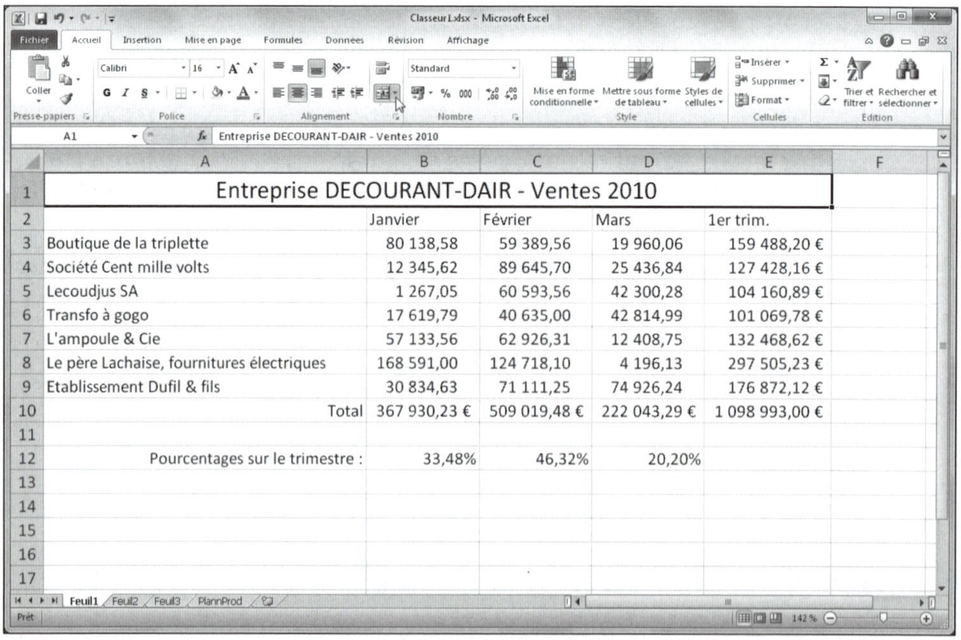

Figure 3.18 : La feuille de calcul après le centrage du titre sur les colonnes A à E.

Les retraits

Excel permet de mettre des entrées en retrait dans les cellules. Pour ce faire, cliquez sur le bouton Augmenter le retrait, dans le groupe Alignement de l'onglet Accueil. Ce bouton est reconnaissable à l'icône montrant une flèche repoussant quelques lignes vers la droite. Chaque fois que vous cliquez dessus, Excel met les entrées de la sélection courante en retrait d'un caractère (en police standard). Si vous voulez savoir ce que c'est qu'une police standard et comment la modifier, reportez-vous à la section « Du côté de la police », plus haut dans ce chapitre.

Un retrait peut être supprimé en cliquant sur le bouton Réduire le retrait ; il se trouve immédiatement à gauche du bouton Augmenter le retrait. Vous pouvez aussi modifier le nombre de caractères du décalage effectué avec le bouton Augmenter le retrait ; pour ce faire, ouvrez la boîte de dialogue Format de cellule (Ctrl + Maj + 1 [le 1 du clavier principal, pas celui du pavé numérique]), sélectionnez l'onglet Alignement, puis entrez une valeur dans le champ Retrait, soit en la tapant, soit en actionnant le bouton rotatif.

De haut en bas

L'alignement à gauche, centré ou à droite concerne le positionnement de l'entrée par rapport aux bords gauche et droit de la cellule, c'est-à-dire horizontalement. Vous pouvez aussi aligner le texte par rapport aux bords haut et bas de la cellule, soit verticalement. Par défaut, toutes les entrées sont placées en bas de la cellule, mais il est possible de les centrer verticalement ou de les placer contre le bord supérieur des cellules.

Pour modifier l'alignement vertical dans une plage de cellules sélectionnées, ouvrez la boîte de dialogue Format de cellule (Ctrl + Maj + 1 [le 1 du clavier principal, pas celui du pavé numérique]), puis cliquez sur l'onglet Alignement ; enfin, sélectionnez Haut, Centré, Bas, Justifié ou Distribué dans la liste déroulante Vertical.

La Figure 3.19 montre, dans la feuille des ventes de la société Decourant-Dair, le titre du tableau après qu'il a été centré verticalement (ce texte avait été centré horizontalement sur plusieurs colonnes avec la commande Fusionner et centrer ; la hauteur de la ligne 1, qui est par défaut de 15 points, a été augmentée à 36 points).

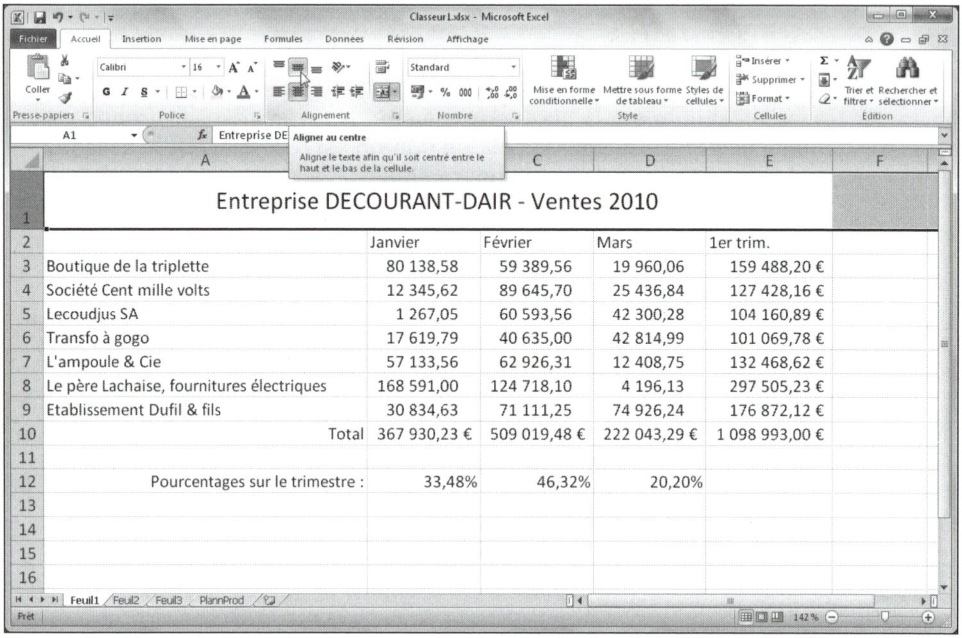

Figure 3.19 : La feuille de calcul après le centrage vertical du titre du tableau.

Gérer le renvoi à la ligne

Dans les tableaux, le placement des titres dans les colonnes a toujours posé un problème ; il fallait souvent les abréger pour éviter d'avoir à élargir les colonnes pour les faire tenir dedans. Dans Excel, ce problème peut être évité grâce à la fonction de renvoi à la ligne. La Figure 3.20 montre une nouvelle feuille de calcul dans laquelle les noms des partenaires de la société Decourant-Dair ont été mis en forme avec l'option Renvoyer à la ligne automatiquement, afin qu'ils tiennent chacun dans sa cellule.

Pour obtenir la présentation de la Figure 3.18, sélectionnez les cellules contenant les titres (de B2 à H2), puis cliquez sur le bouton Renvoyer à la ligne automatiquement dans le groupe Alignement de l'onglet Accueil.

Le renvoi à la ligne empêche les textes longs de déborder sur les cellules voisines. Pour recevoir les lignes supplémentaires, le logiciel augmente automatiquement la hauteur de ligne.

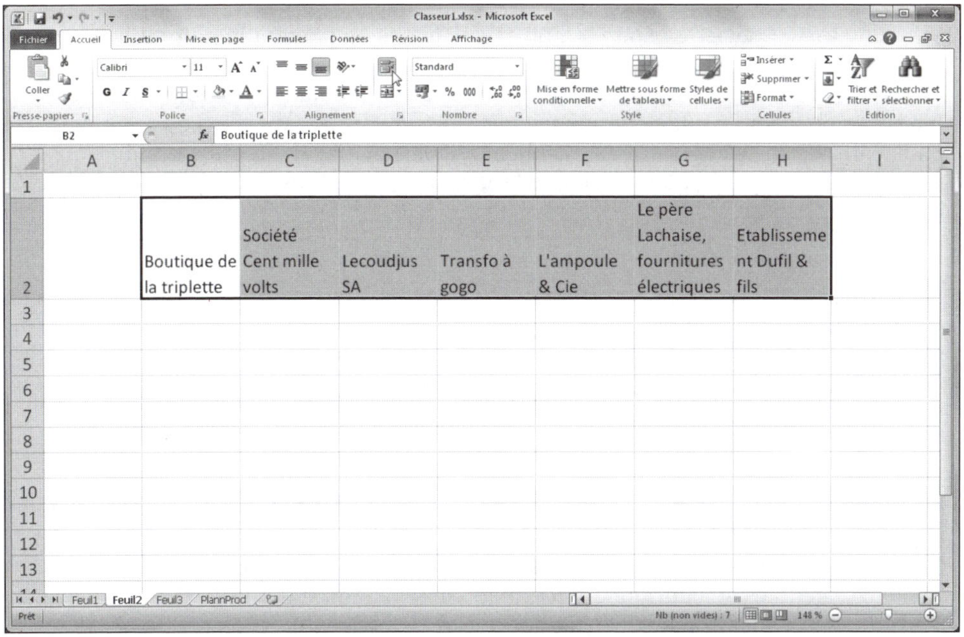

Figure 3.20 : Une nouvelle feuille de calcul dans laquelle les titres ont été mis en forme avec l'option Renvoyer à la ligne automatiquement.

Quand vous sélectionnez l'option Renvoyer à la ligne automatiquement, Excel continue à utiliser les alignements vertical et horizontal que vous avez spécifiés pour la cellule. Notez que vous pouvez utiliser n'importe quelle option d'alignement de l'onglet Alignement de la boîte de dialogue Format de cellule : Gauche (avec ou sans retrait), Centré, Droit (avec ou sans retrait), Justifié ou Centré sur plusieurs colonnes. Vous ne pouvez toutefois pas utiliser l'option Recopié. Présente dans la liste déroulante Horizontal, l'option Recopié sert à répéter une entrée sur toute la largeur de la cellule.

Pour obtenir un renvoi à la ligne justifié sur les bords gauche et droit de la cellule, sélectionnez l'option Justifié dans la liste déroulante Horizontal de l'onglet Alignement de la boîte de dialogue Format de cellule.

Un long texte peut être séparé en plusieurs lignes en plaçant le point d'insertion dedans, dans la cellule ou dans la Barre de formule, et en appuyant sur les touches Alt + Entrée. Excel agrandit la ligne contenue dans la cellule, ainsi que la Barre de formule, puis commence une nouvelle ligne. Dès que vous appuyez sur Entrée pour valider la saisie ou la modification, Excel effectue automatiquement le renvoi à la ligne selon la largeur de la colonne et l'emplacement du point d'insertion.

Ajuster

Pour éviter qu'Excel élargisse les colonnes pour y faire tenir les entrées (pour afficher l'intégralité d'un tableau de données à l'écran ou l'imprimer sur une seule feuille), utilisez la commande Ajuster.

Cliquez sur l'onglet Alignement de la boîte de dialogue Format de cellule (Ctrl + Maj + 1 [le 1 du clavier principal, pas celui du pavé numérique]), et cochez la case Ajuster. Excel réduit la taille de la police dans les cellules sélectionnées, ce qui lui évite d'avoir à modifier la largeur des colonnes. Sachez cependant que vous risquez de vous retrouver avec des textes illisibles. Notez aussi qu'il est impossible d'appliquer simultanément les options Renvoyer à la ligne automatiquement et Ajuster ; la sélection de l'une désélectionne aussitôt l'autre.

Boîtes à bordures

Le quadrillage que vous apercevez dans une feuille de calcul sert simplement à mieux visualiser les lignes et les colonnes dans lesquelles vous travaillez. Vous pouvez choisir de l'imprimer avec vos données ou non (en cochant la case Imprimer du groupe Options de la feuille de calcul dans l'onglet Mise en page du Ruban).

Vous pouvez mettre en évidence certaines parties de la feuille de calcul ou d'un tableau à l'aide de bordures ou en appliquant un effet d'ombrage aux cellules. Ne confondez pas les *bordures* que vous définissez vous-même avec le *quadrillage* correspondant aux lignes et aux colonnes de la feuille de calcul. Les bordures sont toujours imprimées, indépendamment du fait que vous décidiez ou non d'imprimer le quadrillage.

Pour mieux voir les bordures que vous ajoutez à des cellules, supprimez l'affichage du quadrillage. Pour cela, ôtez la coche de la case Quadrillage du groupe Options de la feuille de calcul dans l'onglet Mise en page du Ruban.

Pour ajouter des bordures à une sélection de cellules, cliquez sur le triangle pointant vers le bas du bouton Toutes les bordures du groupe Police de l'onglet Accueil, et sélectionnez dans le menu qui apparaît (Figure 3.21) le type de bordures que vous voulez appliquer à votre sélection.

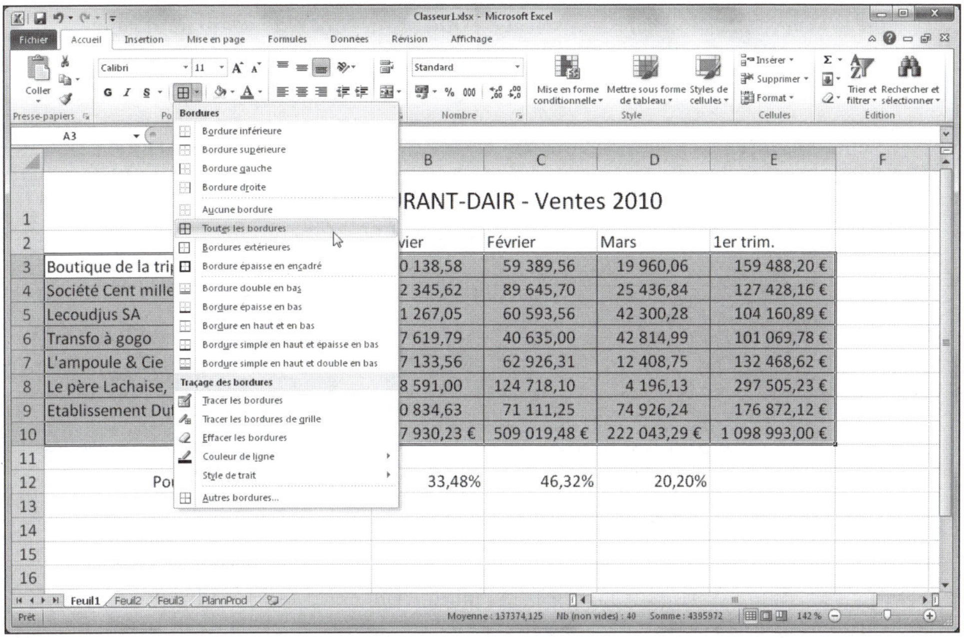

Figure 3.21 : Dans le menu du bouton Toutes les bordures, sélectionnez le type de bordures à appliquer à la sélection.

Rappelez-vous ces préceptes lorsque vous définissez des bordures :

- Pour que les bordures ne soient tracées qu'autour de la sélection, sélectionnez Bordures extérieures ou Bordure épaisse en encadré dans le menu du bouton Toutes les bordures.
- Pour que les bordures apparaissent autour de chacune des cellules de la plage sélectionnée, choisissez Toutes les bordures dans ce menu.

Pour changer le type de trait, l'épaisseur ou la couleur de la bordure que vous appliquez à une sélection de cellules, vous devez ouvrir la boîte de dialogue Format de cellule et cliquer sur son onglet Bordure (sélectionnez Autres bordures dans le menu du bouton Toutes les bordures ou appuyez sur Ctrl + Maj + 1 [le 1 du clavier principal, pas celui du pavé numérique]) et cliquez sur l'onglet Bordure dans la boîte de dialogue Format de cellule qui apparaît).

Pour changer le type de trait, sélectionnez celui qui vous convient dans la section Ligne de cet onglet. Pour changer la couleur, cliquez sur le bouton Couleur dans cette section Ligne, et sélectionnez la couleur qui vous convient dans la palette qui apparaît. Pour définir les contours de la bordure, utilisez les boutons de la section Présélection et de la section Bordure (qui vous montre aussi le résultat de ce que vous sélectionnez). Pour appliquer à la sélection ce que vous venez de choisir, cliquez sur OK.

Pour vous débarrasser d'une bordure, vous devez sélectionner les cellules correspondantes, et sélectionner Aucune bordure dans le menu du bouton Toutes les bordures du groupe Police de l'onglet Accueil.

Des couleurs de remplissage, des motifs et des dégradés

Vous pouvez aussi mettre en évidence des zones de votre feuille de calcul en appliquant une couleur de remplissage, un motif ou un dégradé aux cellules correspondantes.

Si vous avez une imprimante en noir et blanc, vous allez restreindre vos choix à des nuances de gris légères dans la palette de couleurs, sinon le contenu des cellules sera pratiquement illisible une fois imprimé.

Pour appliquer une nouvelle couleur de remplissage à une sélection de cellules, vous pouvez cliquer sur le triangle pointant vers le bas du bouton Couleur de remplissage du groupe Police de l'onglet Accueil, et sélectionner la couleur voulue dans la palette qui apparaît. Selon le principe des Styles rapides, cette palette vous permet de voir l'effet sur les cellules sélectionnées lorsque vous placez simplement le pointeur de la souris sur une couleur avant de la sélectionner.

Pour appliquer un nouveau motif à une sélection de cellules, vous devez ouvrir la boîte de dialogue Format de cellule (Ctrl + Maj + 1 [le 1 du clavier principal, pas celui du pavé numérique]) et cliquer sur l'onglet Remplissage (Figure 3.22). Dans cet onglet, cliquez sur le bouton Motif pour faire apparaître la palette des motifs et faites votre sélection dans celle-ci. Pour appliquer une couleur au motif sélectionné, cliquez sur le bouton Couleur (juste au-dessus du bouton Motif) et sélectionnez la couleur voulue dans la palette qui apparaît. Pour appliquer aux cellules sélectionnées le motif ainsi défini, cliquez sur OK.

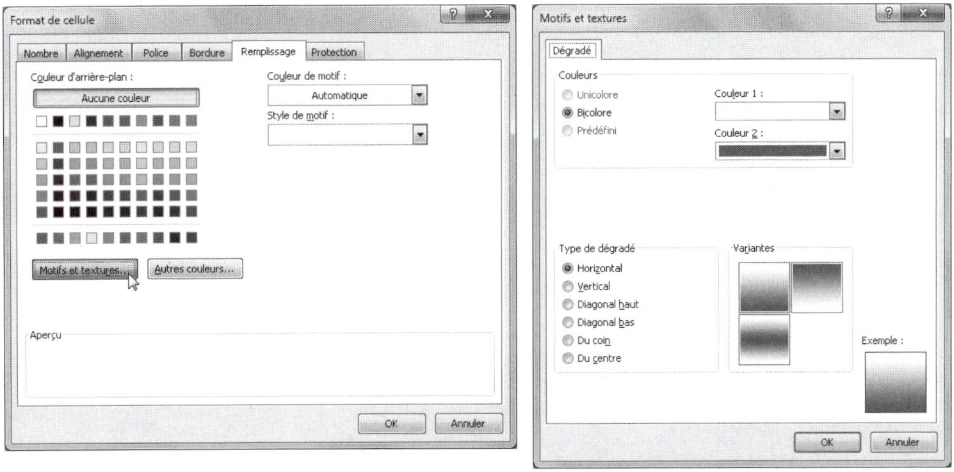

Figure 3.22 : Sélectionnez une couleur de remplissage et un motif dans la boîte de dialogue Format de cellule.

Si vous voulez ajouter un dégradé de couleurs dans une direction ou une autre aux cellules sélectionnées, cliquez sur le bouton Motifs et textures dans l'onglet Remplissage de la boîte de dialogue Format de cellule. La nouvelle boîte de dialogue qui apparaît (à droite dans la Figure 3.22) contient un seul onglet Dégradé, contenant plusieurs options pour définir ce dégradé.

Après avoir spécifié la première et la deuxième couleur et l'orientation du dégradé, vérifiez que le résultat vous convient dans l'exemple affiché dans le coin inférieur droit de cette boîte de dialogue, et cliquez sur OK pour revenir à la boîte de dialogue Format de cellule. Le dégradé que vous venez de définir y apparaît maintenant dans la section Aperçu. Pour voir le résultat sur votre sélection, il vous faut maintenant l'appliquer en cliquant sur le bouton OK.

Procéder à des modifications

Chapitre 4

Dans ce chapitre :

- Ouvrir un classeur en vue de le modifier.
- Annuler vos bourdes.
- Déplacer et copier par glisser-déposer.
- Copier des formules.
- Déplacer et copier par Couper, Copier et Coller.
- Supprimer des entrées dans des cellules.
- Supprimer et insérer des lignes et des colonnes.

Dans ce chapitre, vous découvrirez comment appliquer ces modifications en toute sérénité dans un classeur. La copie et le déplacement des données ainsi que l'insertion et la suppression des lignes et des colonnes sont des tâches faciles à maîtriser. Ce qui est un peu plus ardu à comprendre, c'est l'effet de ces actions sur la feuille de calcul. Mais ne vous en faites pas ! Si un changement compromet votre travail, vous pourrez toujours recourir à la fonction d'annulation pour revenir en arrière et vous retrouver en terrain plus familier.

S'ouvrir aux changements

Avant de commettre l'irréparable – je veux dire d'effectuer des modifications… –, vous devez bien sûr ouvrir Excel. Pour ouvrir un classeur, vous avez le choix entre cliquer sur Fichier/Ouvrir, appuyer sur Alt + FV ou utiliser les raccourcis clavier des versions précédentes d'Excel Ctrl + O ou Ctrl + F12.

La boîte de dialogue Ouvrir

Si vous utilisez Excel 2010 sous Windows 7, une boîte de dialogue Ouvrir, très semblable à celle que montre la Figure 4.1, apparaît. Elle est divisée en deux volets : le volet de navigation à gauche, dans lequel vous pouvez sélectionner un nouveau dossier, et le volet principal à droite, affichant tous les sous-dossiers du dossier sélectionné dans le volet de gauche, ainsi que tous les fichiers qu'il contient susceptibles d'être ouverts par Excel.

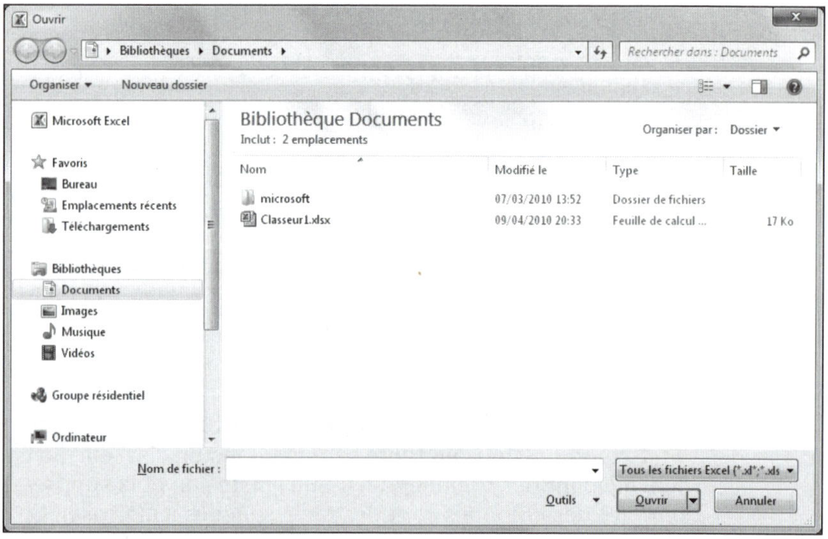

Figure 4.1 : Utiliser la boîte de dialogue Ouvrir pour naviguer jusqu'à un classeur pour l'ouvrir.

Le dossier qui est affiché lorsque la boîte de dialogue Ouvrir apparaît est soit celui qui est spécifié comme Emplacement d'enregistrement par défaut dans l'onglet Enregistrement de la boîte de dialogue Options Excel, soit le dernier que vous avez ouvert dans Excel en utilisant cette boîte de dialogue.

Pour ouvrir un classeur qui se trouve dans un autre dossier, cliquez sur le lien correspondant dans la section Liens favoris du volet de navigation, ou cliquez sur le triangle pointant vers le bas à droite de Dossiers, et cliquez sur le dossier voulu dans la liste qui apparaît.

Si vous ouvrez un nouveau dossier pour lequel aucun fichier n'apparaît dans le volet de droite (alors que vous savez qu'il n'est pas vide), cela signifie simplement qu'il ne contient aucun fichier d'un type qu'Excel est capable d'ouvrir directement (classeurs, modèles et macros). Pour afficher tous les fichiers du dossier, qu'Excel puisse ou non les ouvrir directement (c'est-à-dire sans aucune conversion), cliquez sur le bouton indiquant les types de fichiers affichés, et sélectionnez Tous les fichiers dans la liste déroulante qui apparaît.

Lorsque l'icône du classeur que vous voulez ouvrir apparaît dans la boîte de dialogue Ouvrir, vous pouvez ouvrir ce classeur en cliquant sur son icône puis en cliquant sur le bouton Ouvrir, ou tout simplement en double-cliquant sur son icône.

Encore plus sur les annulations

Avant de vous lancer dans la réalisation d'une feuille de calcul, vous devez connaître la fonction d'annulation et savoir comment elle peut rétablir la situation si jamais vous vous êtes fourvoyé. Le bouton Annuler de la barre d'outils Accès rapide est une commande à facettes multiples. Quand vous supprimez par exemple le contenu d'une cellule ou d'une plage avec la commande Effacer du même menu, l'info-bulle du bouton Annuler devient Annuler Effacer (Ctrl + Z). Si vous déplacez une entrée avec les commandes Couper et Coller, l'info-bulle du bouton Annuler devient Annuler Coller.

En dehors du bouton Annuler dans la barre d'outils Accès rapide, vous pouvez utiliser le raccourci clavier Ctrl + Z qui fait exactement la même chose.

Le bouton Annuler de la barre d'outils Accès rapide réagit à toutes les actions que vous entreprenez. Si vous vous rendez compte après coup qu'il fallait annuler – c'est-à-dire après avoir appliqué d'autres commandes entre-temps –, vous devrez déployer le menu déroulant qui lui est associé (en cliquant sur le triangle pointant vers le bas qui l'accompagne), pour y sélectionner l'action à annuler. Cette action ainsi que toutes celles qui ont suivi (et qui apparaissent au-dessus dans le menu) sont annulées.

Rétablir et Répéter

Après avoir appliqué la commande Annuler, Excel rend la commande Rétablir (ou Répéter selon la commande que vous avez appliquée juste avant) accessible. Si vous supprimez une entrée en appuyant sur la touche Suppr, et cliquez ensuite sur le bouton Annuler dans la barre d'outils Accès rapide (ou appuyez sur Ctrl + Z, ce qui revient au même), l'info-bulle suivante apparaît au-dessous du bouton Répéter lorsque vous placez dessus le pointeur de la souris :

```
Répéter Effacer     Ctrl + Y
```

Quand vous appliquez la commande Répéter, Excel refait ce que vous venez d'annuler. Autrement dit, Excel revient en arrière d'une action, comme si elle n'avait pas été exécutée.

Le bon vieux glisser-déposer

L'une des premières techniques de modification que vous vous devez de connaître est le *glisser-déposer*. Comme le suggère son nom, il s'agit d'une manipulation effectuée à la souris qui consiste à choisir une cellule ou une plage sélectionnée et à faire glisser cette sélection ailleurs dans la feuille de calcul. Bien que le glisser-déposer serve essentiellement à déplacer des entrées simples, vous pouvez l'utiliser pour déplacer des plages entières.

Procédez comme suit pour déplacer une cellule ou une plage de cellules :

1. **Sélectionnez une cellule ou une plage de cellules.**

2. **Placez le pointeur de souris sur un bord de la ou des cellules sélectionnées.**

   La transformation du pointeur en flèche à quatre pointes indique que vous pouvez commencer à faire glisser la cellule ou la plage.

3. **Faites glisser la cellule ou la plage sélectionnée jusqu'à sa destination.**

   Faites glisser la sélection en déplaçant la souris, bouton gauche enfoncé.

   Pendant le déplacement, vous faites en réalité glisser le contour des cellules, ce qui vous permet d'avoir une idée de l'emplacement qu'elles occuperont. C'est uniquement au moment où vous relâchez le bouton de la souris que le déplacement du contenu des cellules se produit effectivement.

Faites glisser le contour jusqu'à sa destination exacte (l'info-bulle qui accompagne le pointeur indique la plage de cellules de destination).

4. Relâchez le bouton de la souris.

Les données figurant dans la ou les cellules apparaissent aussitôt à leur nouvel emplacement.

Les Figures 4.2 et 4.3 montrent un déplacement de cellules. Dans la première, la plage A10:E10 (elle contient les totaux du trimestre) a été sélectionnée afin d'être déplacée vers la ligne 13, et libérer ainsi de la place pour les chiffres des ventes de deux nouveaux produits qui n'avaient pas été pris en compte lors de la création de ce classeur (par quelqu'un qui n'était pas très au courant). Dans la Figure 4.3, les chiffres des ventes ont été déplacés.

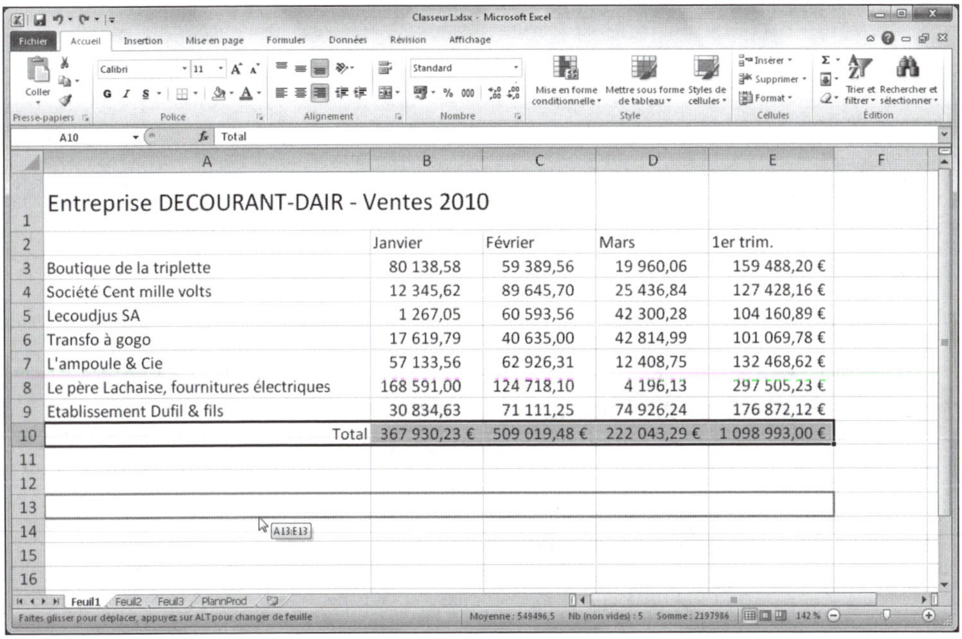

	A	B	C	D	E
1	Entreprise DECOURANT-DAIR - Ventes 2010				
2		Janvier	Février	Mars	1er trim.
3	Boutique de la triplette	80 138,58	59 389,56	19 960,06	159 488,20 €
4	Société Cent mille volts	12 345,62	89 645,70	25 436,84	127 428,16 €
5	Lecoudjus SA	1 267,05	60 593,56	42 300,28	104 160,89 €
6	Transfo à gogo	17 619,79	40 635,00	42 814,99	101 069,78 €
7	L'ampoule & Cie	57 133,56	62 926,31	12 408,75	132 468,62 €
8	Le père Lachaise, fournitures électriques	168 591,00	124 718,10	4 196,13	297 505,23 €
9	Etablissement Dufil & fils	30 834,63	71 111,25	74 926,24	176 872,12 €
10	Total	367 930,23 €	509 019,48 €	222 043,29 €	1 098 993,00 €

Figure 4.2 : Une plage sélectionnée est en cours de déplacement.

Notez que les arguments de la fonction SOMME, dans les cellules B13 à E13, ne tiennent pas compte de la modification lorsque vous vous contentez de déplacer celles-ci : ils couvrent toujours les lignes 3 à 9. Toutefois, aussitôt que vous commencez à entrer des valeurs dans les cellules B9 à D9 et B10 à D10, Excel 2010 met à jour automatiquement les arguments de la fonction SOMME dans les cellules B13 à E13. Ainsi, par exemple, la formule SOMME(B3:B9) de la cellule B12 devient comme par magie SOMME(B3:B12).

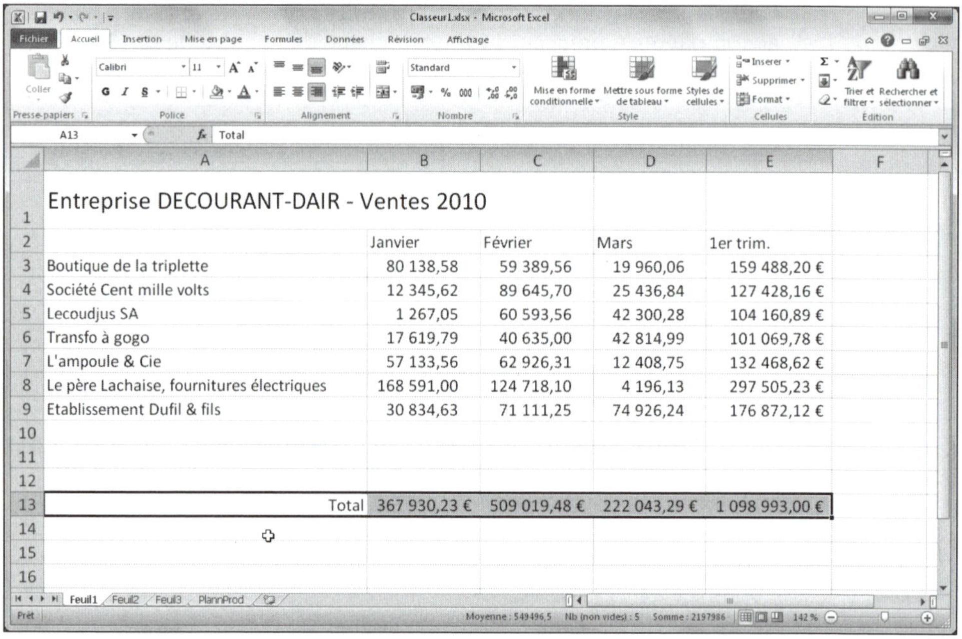

	A	B	C	D	E
1	Entreprise DECOURANT-DAIR - Ventes 2010				
2		Janvier	Février	Mars	1er trim.
3	Boutique de la triplette	80 138,58	59 389,56	19 960,06	159 488,20 €
4	Société Cent mille volts	12 345,62	89 645,70	25 436,84	127 428,16 €
5	Lecoudjus SA	1 267,05	60 593,56	42 300,28	104 160,89 €
6	Transfo à gogo	17 619,79	40 635,00	42 814,99	101 069,78 €
7	L'ampoule & Cie	57 133,56	62 926,31	12 408,75	132 468,62 €
8	Le père Lachaise, fournitures électriques	168 591,00	124 718,10	4 196,13	297 505,23 €
9	Etablissement Dufil & fils	30 834,63	71 111,25	74 926,24	176 872,12 €
13	Total	367 930,23 €	509 019,48 €	222 043,29 €	1 098 993,00 €

Figure 4.3 : La plage sélectionnée vient d'être déposée à son nouvel emplacement.

La copie par glisser-déposer

Comment copier une ligne de cellules au lieu de simplement les déplacer ? Supposons que vous deviez commencer, dans la feuille de calcul, un nouveau tableau dans les lignes situées plus bas. Il vous faudra copier la ligne de cellules contenant les titres mis en forme en procédant ainsi :

1. **Sélectionnez la ligne de cellules.**

   Dans les Figures 4.3 et 4.4, c'est la plage de cellules A1:E2.

2. **La touche Ctrl enfoncée, amenez le pointeur de la souris au bord de la sélection.**

   Le pointeur se transforme en flèche blanche accompagnée, en haut à droite, d'un petit signe plus (+). Il indique que le glisser-déposer effectuera une *copie* et non un déplacement.

3. **Tirez la sélection par sa bordure, jusqu'à l'emplacement où elle doit être copiée, puis relâchez le bouton de la souris.**

   Pendant que vous faites glisser la sélection, une info-bulle indique les références de la plage que survole le pointeur.

Si, lors d'un glisser-déposer pour déplacer ou copier des cellules, vous positionnez le contour de la sélection de telle manière qu'il chevauche des cellules contenant des données, Excel affiche une boîte d'alerte avec la question suivante : « Voulez-vous remplacer le contenu des cellules de destination ? »

Pour éviter le remplacement des données existantes et renoncer au glisser-déposer, cliquez sur le bouton Annuler. Mais si vous avez l'intention de remplacer les données existantes par les nouvelles, cliquez sur OK.

Insérer par glisser-déposer

À l'instar des redoutables Klingons de *Star Trek*, les feuilles de calcul d'Excel ne font jamais de prisonniers. Dès que vous amenez une entrée sur une cellule occupée, cette entrée supplante sans vergogne celle qui s'y trouvait.

Pour insérer la ligne en cours de déplacement parmi d'autres lignes qui contiennent des données sans supprimer les données existantes, maintenez la touche Maj enfoncée pendant le glisser-déposer. Si vous copiez, vous devrez faire preuve de dextérité en maintenant à la fois les touches Ctrl et Maj enfoncées.

Lorsque la touche Maj est enfoncée, le contour de la sélection que vous aviez manipulé jusqu'à présent est remplacé par une barre d'insertion qui se déplace entre les lignes et/ou les colonnes. Elle matérialise l'emplacement où se fera l'insertion si, à ce moment, vous relâchez le bouton de la souris. Dans ce cas, Excel insère une ligne ou une colonne et déplace les cellules existantes vers des cellules vides.

J'ai pourtant maintenu la touche Maj enfoncée comme vous l'aviez dit…

L'insertion par glisser-déposer est l'une des fonctions les plus délicates à réussir. Parfois, vous faites exactement ce qu'il faut et vous voyez néanmoins apparaître la boîte d'alerte qui vous prévient qu'Excel s'apprête à remplacer des données existantes au lieu de les décaler. Si cela se produit, cliquez sur le bouton Annuler. Il est fort heureusement possible d'insérer des données avec les commandes Couper et Coller (reportez-vous à la section "Faire de la place avec la commande Insérer", plus loin dans ce chapitre), sans avoir à se soucier du comportement de la barre d'insertion.

La recopie automatique des formules

La copie par glisser-déposer, en maintenant la touche Ctrl enfoncée, est utile lorsqu'il faut recopier une série de cellules adjacentes ailleurs dans la feuille de calcul. Mais très souvent vous aurez à ne recopier qu'une seule formule dans plusieurs cellules voisines qui doivent exécuter le même type de calcul, comme totaliser des chiffres dans des colonnes. Ce type de copie de formule, très courant, ne peut pas être fait par un glisser-déposer. Il faut recourir à la recopie automatique, décrite dans le Chapitre 2, ou aux commandes Copier et Coller (reportez-vous à la section « Le couper-coller numérique », plus loin dans ce chapitre).

Nous verrons ici comment utiliser la recopie automatique pour copier une formule dans une plage de cellules. La Figure 4.4 montre la feuille de calcul de l'entreprise Decourant-Dair, avec tous les produits, mais cette fois sans les totaux mensuels à la ligne 10.

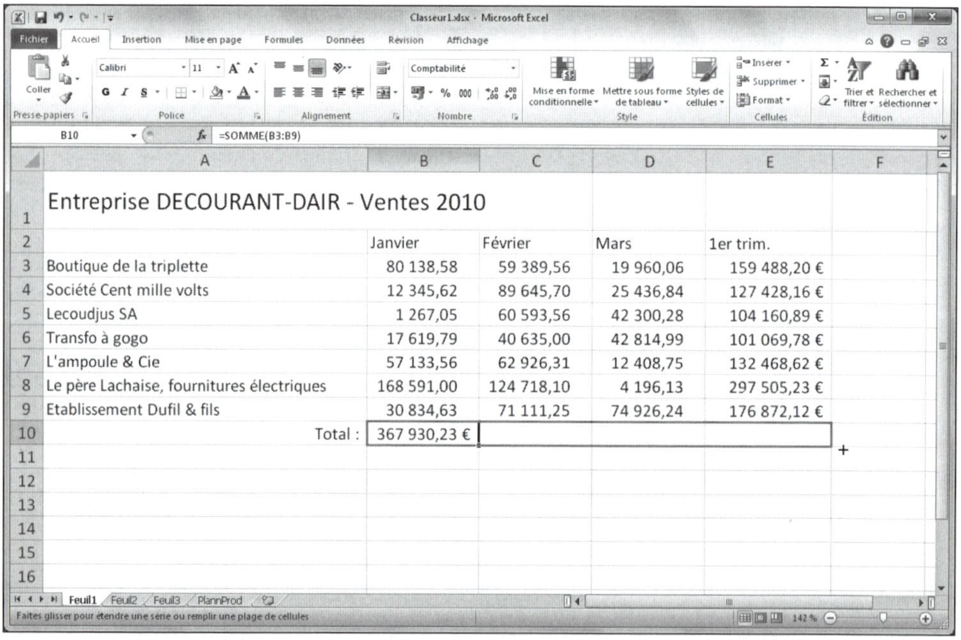

Figure 4.4 : Copie d'une formule dans une même ligne grâce à la recopie automatique.

La Figure 4.5 montre la feuille de calcul après avoir fait glisser la poignée de recopie sur la plage de cellules C10:E10 à partir de la cellule B10 (qui contient la formule à copier).

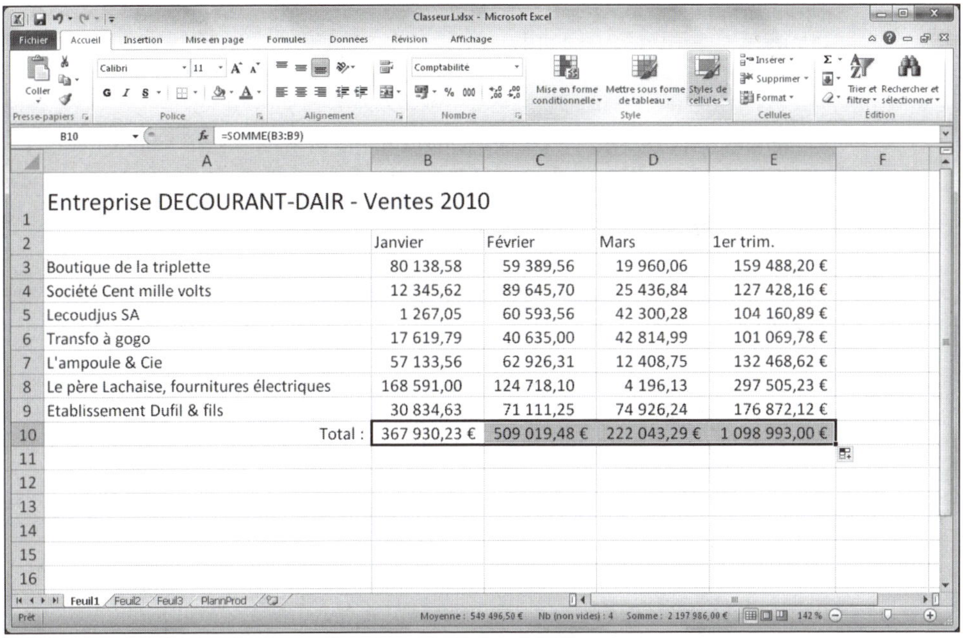

Figure 4.5 : La feuille de calcul après la recopie de la formule totalisant les mois.

Absolument relatif et inversement

Référez-vous à la Figure 4.5 pour voir la feuille de calcul après la recopie de la formule d'une cellule dans la plage C10:E10. La cellule B10 est active. Remarquez comment Excel gère la recopie des formules. La formule d'origine, dans la cellule B10, est :

```
=SOMME(B3:B9)
```

Lorsque cette formule est recopiée dans la cellule voisine, C12, Excel la modifie légèrement à cet emplacement :

```
=SOMME(C3:C9)
```

Excel a en effet rectifié la référence de colonne, qui est passée de B à C, car la recopie s'est faite de la gauche vers la droite.

Quand vous copiez une formule dans une plage qui s'étend vers le bas sur plusieurs lignes, Excel modifie les numéros de lignes en conséquence, au lieu des lettres de colonnes, selon l'emplacement de chaque recopie. La cellule E3 de la feuille de calcul des ventes de l'entreprise Decourant-Dair contient la formule suivante :

```
=SOMME(B3:D3)
```

Quand vous recopiez cette formule vers le bas, dans la cellule E4, Excel la modifie de la manière suivante :

```
=SOMME(B4:D4)
```

Excel ajuste la référence de ligne afin qu'elle corresponde à la nouvelle position dans la ligne 4. Comme cette modification de la formule a été effectuée selon la direction de la recopie, les références de cellules sont appelées *références de cellules relatives.*

Certaines choses sont absolues

Toutes les formules que vous créez contiennent naturellement des références de cellule absolues, à moins que vous en décidiez autrement. Du fait que la plupart des recopies de cellule nécessitent une correction de leurs références, vous aurez rarement à revenir sur cet arrangement. Cependant, de temps en temps, vous serez confronté à une exception.

L'une des exceptions les plus communes se produit lorsque vous désirez comparer une plage de valeurs différentes avec une seule valeur. Ce cas de figure se présente classiquement lorsque vous voulez calculer le pourcentage de plusieurs parties par rapport au total. Par exemple, dans la feuille de calcul de l'entreprise Decourant-Dair, vous rencontrez cette situation en créant et recopiant une formule qui détermine chaque pourcentage mensuel, dans la plage B14:D14, par rapport au total trimestriel de la cellule E10.

Supposons que vous vouliez entrer ces formules dans la rangée 14 de la feuille de calcul, en commençant par la cellule B14. La formule qui, dans cette cellule, calcule le pourcentage des ventes de janvier par rapport au trimestre est sans détour :

```
=B10/E10
```

Cette formule divise le total des ventes de janvier, dans la cellule B10, par le total trimestriel de la cellule E10 (on ne saurait faire plus simple…). Mais regardez ce qui se passerait si vous tiriez la poignée de recopie d'une cellule vers la droite pour recopier la formule dans la cellule C14 :

```
=C10/F10
```

L'ajustement de la première référence de cellule, qui passe de B10 à C10, est bien celui que nous attendions. Mais l'ajustement de la deuxième partie des références de cellule, qui passe de E10 à F10, est désastreux. Non seulement vous n'obtenez pas, dans la cellule C10, le calcul du pourcentage des ventes de février, mais vous vous retrouvez en prime avec l'horrible erreur `#DIV/0!` dans la cellule C14.

Pour éviter qu'Excel n'ajuste inconsidérément une référence de cellule lors d'une recopie, vous devez convertir la référence. De relative, elle doit devenir absolue. Pour cela, appuyez sur la touche de fonction F4 juste après avoir entré la référence de la cellule. Excel signale qu'une référence de cellule est absolue en plaçant, devant la lettre de la colonne et le numéro de la ligne, le signe dollar ($). Regardez par exemple la Figure 4.6 : la cellule B14 contient la formule correcte pour effectuer la recopie dans la plage C14:D14, soit :

```
=B10/$E$10
```

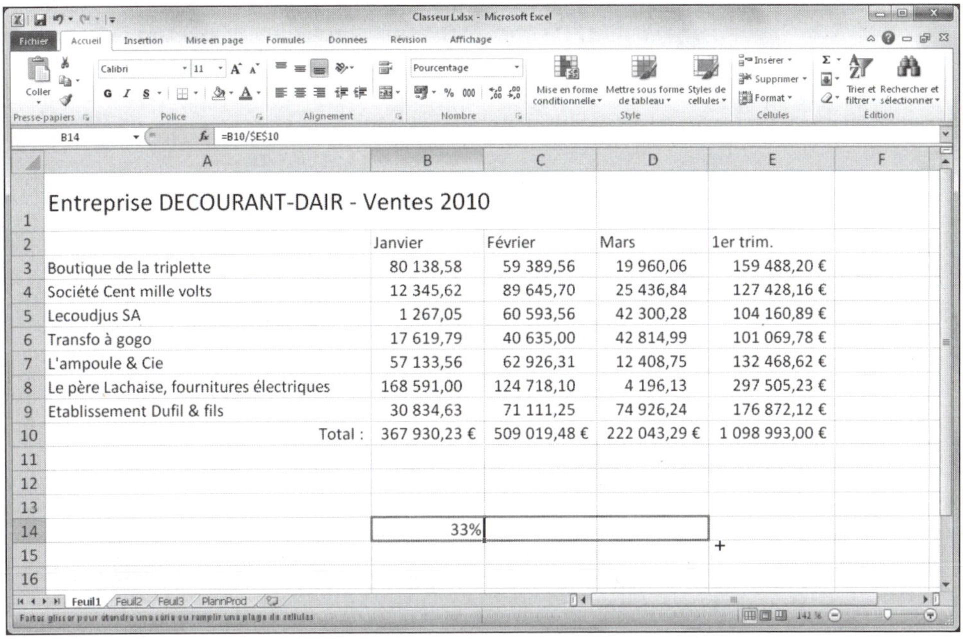

Figure 4.6 : Recopie d'une formule avec une référence de cellule absolue.

Examinez la feuille de calcul après que cette formule a été répétée dans la plage C14:D14 avec la poignée de recopie et la cellule C14 sélectionnée (Figure 4.7). Remarquez la formule suivante dans la barre de formule :

```
=C10/$E$10
```

Parce que E10 a été modifiée en $E$10 dans la formule originale, toutes les recopies conservent cette même référence de cellule, qui est immuable.

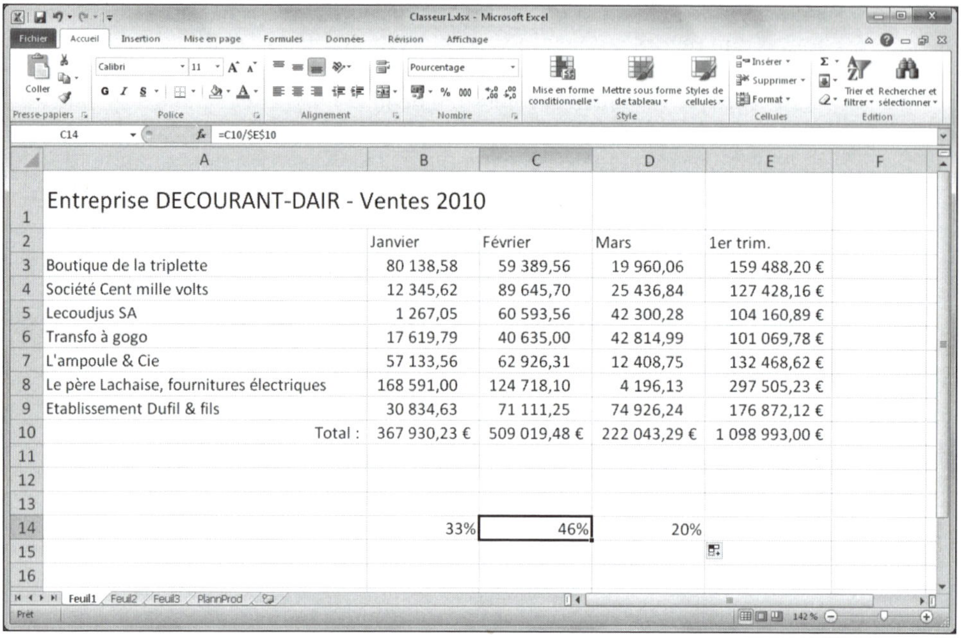

	A	B	C	D	E
1	Entreprise DECOURANT-DAIR - Ventes 2010				
2		Janvier	Février	Mars	1er trim.
3	Boutique de la triplette	80 138,58	59 389,56	19 960,06	159 488,20 €
4	Société Cent mille volts	12 345,62	89 645,70	25 436,84	127 428,16 €
5	Lecoudjus SA	1 267,05	60 593,56	42 300,28	104 160,89 €
6	Transfo à gogo	17 619,79	40 635,00	42 814,99	101 069,78 €
7	L'ampoule & Cie	57 133,56	62 926,31	12 408,75	132 468,62 €
8	Le père Lachaise, fournitures électriques	168 591,00	124 718,10	4 196,13	297 505,23 €
9	Etablissement Dufil & fils	30 834,63	71 111,25	74 926,24	176 872,12 €
10	Total :	367 930,23 €	509 019,48 €	222 043,29 €	1 098 993,00 €
14		33%	46%	20%	

Figure 4.7 : La feuille de calcul après la recopie d'une formule contenant une référence de cellule absolue.

Si vous avez commis une bourde en recopiant une formule dans laquelle une ou plusieurs références de cellules auraient dû être absolues et non relatives, modifiez la formule d'origine de la manière suivante :

1. **Double-cliquez sur la cellule contenant la formule, puis cliquez dans la barre de formule ou appuyez sur la touche de fonction F2 pour la modifier.**

2. **Placez le point d'insertion dans la référence à convertir en référence absolue.**

3. **Appuyez sur la touche F4.**

4. **Lorsque la modification est terminée, cliquez sur le bouton Entrer, dans la barre de formule, puis recopiez la formule corrigée dans les cellules erronées grâce à la poignée de recopie.**

Le couper-coller numérique

Au lieu d'utiliser le glisser-déposer ou la recopie automatique, vous pouvez recourir aux bonnes vieilles commandes Couper, Copier et Coller pour déplacer ou recopier des informations dans une feuille de calcul. Ces commandes utilisent le Presse-papiers comme relais pour les informations que vous avez coupées ou collées ; elles y restent en attendant d'être collées quelque part. Ce procédé permet non seulement de déplacer ou copier des données dans n'importe quelle feuille de calcul ouverte dans Excel, mais aussi dans d'autres logiciels tournant sous Windows, comme Word par exemple.

Procédez comme suit pour déplacer une cellule ou une plage avec les commandes Couper et Coller :

1. **Sélectionnez les cellules à déplacer.**

2. **Cliquez sur le bouton Couper (les ciseaux) dans le groupe Presse-papiers de l'onglet Accueil.**

   Vous pouvez aussi utiliser le raccourci clavier Ctrl + X.

   Quel que soit votre choix, Excel entoure la ou les cellules avec un *rectangle de sélection* qui se présente sous la forme d'une ligne dont le pointillé est animé. Le message suivant apparaît dans la Barre d'état :

   ```
   Sélectionnez une destination et appuyez sur ENTRÉE ou
   cliquez sur Coller.
   ```

3. **Déplacez le curseur de cellule ou sélectionnez la cellule en haut à gauche de la nouvelle plage dans laquelle vous désirez déplacer les données.**

4. **Appuyez sur Entrée pour terminer le déplacement.**

   Vous pouvez aussi cliquer sur le bouton Coller dans le groupe Presse-papiers de l'onglet Accueil, ou utiliser le raccourci clavier Ctrl + V.

Remarquez qu'en indiquant la plage de destination vous n'avez pas à sélectionner un agencement de cellules vides correspondant, dans sa forme, à la sélection que vous déplacez. Du moment que vous indiquez à Excel où se trouve la cellule située en haut à gauche de la plage de destination, il saura se débrouiller pour le reste.

La copie d'une sélection de cellule(s) avec les commandes Copier et Coller s'effectue de la même manière qu'avec les commandes Couper et Coller. Après avoir sélectionné la plage à copier, vous bénéficiez même d'un plus grand choix pour le stockage des données dans le Presse-papiers. Au lieu de cliquer sur le bouton Copier dans le groupe Presse-papiers de l'onglet Accueil, ou de sélectionner Copier dans le menu contextuel de la cellule, vous pouvez utiliser le raccourci clavier Ctrl + C.

Ça colle pour vous !

L'avantage de la copie des données dans le Presse-papiers avec les commandes Copier et Coller est que les informations ainsi mises de côté peuvent être collées à plusieurs reprises. Assurez-vous simplement, après avoir appuyé sur Entrée pour terminer la première opération de copie, de cliquer sur le bouton Coller dans le groupe Presse-papiers de l'onglet Accueil ou de choisir la commande Coller (dans le menu contextuel), ou d'appuyer sur Ctrl + V.

Quand vous utilisez la commande Coller, Excel copie la sélection dans la plage que vous lui avez indiquée sans supprimer le rectangle de sélection qui court autour de la sélection originale. Il indique ainsi que vous pouvez continuer à choisir d'autres plages de destination, que ce soit dans le même document ou dans un autre.

Après avoir sélectionné la première cellule de l'autre plage dans laquelle vous désirez coller la sélection, choisissez de nouveau la commande Coller. Vous pouvez continuer de la sorte en collant la sélection à volonté. Après avoir effectué la dernière copie, appuyez sur la touche Entrée au lieu de choisir la commande Coller. Si vous avez oublié d'appuyer sur Entrée et choisi Coller, éliminez le rectangle de sélection en appuyant sur la touche Echap.

À propos des suppressions

Une étude d'Excel ne saurait être complète sans apprendre à se débarrasser des données que contiennent les cellules. Il existe deux sortes de suppression dans une feuille de calcul : vider ou supprimer une cellule.

Vider une cellule

Pour se débarrasser uniquement du contenu d'une sélection de cellules sans supprimer les cellules elles-mêmes, sélectionnez une plage et appuyez sur la touche Suppr.

Si vous voulez être plus précis, cliquez sur le bouton Effacer (il représente une gomme) dans le groupe Édition de l'onglet Accueil, et sélectionnez l'une des commandes dans le menu qui apparaît.

Virez-moi toutes ces cellules !

Pour supprimer une sélection de cellules au lieu de seulement les vider de leur contenu, cliquez sur le triangle pointant vers le bas du bouton Supprimer du groupe Cellules de l'onglet Accueil, et sélectionnez Supprimer les cellules dans le menu qui apparaît. La boîte de dialogue Supprimer s'affiche, vous proposant différentes possibilités pour remplacer les cellules que vous allez supprimer :

- **Décaler les cellules vers la gauche :** C'est l'option par défaut. Les cellules situées à droite de celles qui ont été supprimées sont déplacées vers la gauche pour combler le vide produit.
- **Décaler les cellules vers le haut :** Les cellules situées sous celles qui ont été supprimées sont déplacées vers le haut.
- **Ligne entière :** Toutes les lignes de la sélection courante sont supprimées.
- **Colonne entière :** Toutes les colonnes de la sélection courante sont supprimées.

Si vous savez que vous voulez déplacer les cellules restantes vers la gauche en supprimant les cellules de la sélection, vous pouvez cliquer simplement sur le bouton Supprimer du groupe Cellules de l'onglet Accueil. L'effet est exactement le même que sélectionner la première des trois options ci-dessus dans la boîte de dialogue Supprimer.

Si vous savez à l'avance que vous voudrez supprimer des lignes ou des colonnes entières de la feuille de calcul, vous pouvez les sélectionner en cliquant dans les en-têtes, puis en cliquant du bouton droit dans la sélection et en sélectionnant Supprimer dans le menu qui apparaît.

Pour supprimer des lignes ou des colonnes entières, il n'est pas nécessaire de sélectionner les lignes ou les colonnes elles-mêmes. Il suffit que des cellules leur appartenant soient sélectionnées. Après avoir sélectionné des cellules appartenant aux colonnes ou aux lignes à supprimer, cliquez sur le triangle pointant vers le bas du bouton Supprimer du groupe Cellules de l'onglet Accueil, et sélectionnez Supprimer des colonnes du tableau ou Supprimer des lignes du tableau dans le menu qui apparaît.

Faire de la place avec la commande Insérer

Pour ces cas inévitables où vous devrez glisser de nouvelles entrées dans une région déjà bien remplie de la feuille de calcul, vous aurez intérêt à insérer les nouvelles cellules plutôt que de vous lancer dans les délicats déplacements et réorganisations de plusieurs plages de cellules. Pour insérer une nouvelle ligne, sélectionnez les cellules – dont beaucoup sont d'ores et déjà occupées – près desquelles les nouvelles cellules doivent être placées, puis cliquez sur le triangle pointant vers le bas dans le bouton Insérer du groupe Cellules de l'onglet Accueil, et sélectionnez Insérer des cellules dans le menu qui apparaît. La boîte de dialogue Insertion de cellules s'affiche, vous proposant les options suivantes :

- **Décaler les cellules vers la droite :** Quand vous cliquez sur le bouton OK ou appuyez sur la touche Entrée, les cellules existantes sont décalées vers la droite afin de libérer de la place pour les cellules qui seront créées.
- **Décaler les cellules vers le bas :** C'est l'option par défaut. Elle demande à Excel de décaler les cellules vers le bas au moment où vous cliquez sur le bouton OK ou appuyez sur la touche Entrée.
- **Ligne entière** et **Colonne entière :** Insertion de lignes ou de colonnes entières. Il est inséré autant de lignes ou de colonnes qu'il y a de lignes ou de colonnes sélectionnées au moment de cliquer sur le bouton OK ou d'appuyer sur la touche Entrée.

Si vous savez que vous voulez déplacer les cellules existantes vers la droite pour faire de la place aux nouvelles cellules insérées, vous pouvez cliquer simplement sur le bouton Insérer du groupe Cellules de l'onglet Accueil. Il en résulte exactement le même effet que de sélectionner la première des trois options ci-dessus dans la boîte de dialogue Insertion de cellules.

Imprimer le chef-d'œuvre

Chapitre 5

Dans ce chapitre :

- Prévisualiser les pages avant l'impression.
- Imprimer rapidement à partir de la barre d'outils Accès rapide.
- Imprimer toutes les feuilles de calcul d'un classeur.
- N'imprimer que certaines cellules d'une feuille de calcul.
- Modifier l'orientation des pages.
- Imprimer la totalité d'une feuille de calcul sur une seule page.
- Modifier les marges d'un rapport.

Pour la plupart des gens, l'impression est la finalité d'une feuille de calcul (on est loin de la notion du « bureau sans papier » que promettait la bureautique). Toutes les saisies, mises en forme, vérifications de formules, bref, toutes les opérations que vous effectuez avec un tableur ne sont que des préparations à l'impression des informations.

Dans ce chapitre, vous découvrirez combien il est facile d'imprimer des rapports avec Excel 2010, grâce au nouveau panneau Imprimer, de la fenêtre Backstage, de l'Aperçu d'impression et du fort commode onglet Mise en page du ruban. Quelques règles simples vous permettront d'obtenir une présentation irréprochable des documents, dès la première fois que vous les envoyez à l'imprimante (et pas la deuxième ou la troisième).

Un coup d'œil à la page en mode Mise en page

Le nouveau mode d'affichage Mise en page d'Excel 2010 procure une visibilité immédiate sur la mise en page d'une feuille de calcul. Pour activer ce mode d'affichage, cliquez simplement sur le bouton Mise en page dans la Barre d'état (c'est l'icône du milieu parmi les trois qui se trouvent juste à gauche de la glissière du zoom). Vous pouvez aussi cliquer, dans le Ruban, sur le bouton Mise en page, sous l'onglet Affichage. Lorsque vous passez en mode Mise en page, comme le montre la Figure 5.1, Excel affiche une règle horizontale et une règle verticale, respectivement au-dessus et à gauche des lettres de colonne et des numéros de ligne. Dans la zone d'affichage de la feuille de calcul, vous voyez également apparaître les marges de la page, telles qu'elles seront sur le papier, avec les en-têtes et les pieds de page si vous en avez défini, et naturellement les sauts de page. Vous pouvez utiliser le zoom pour voir apparaître plusieurs pages à la fois sur votre écran.

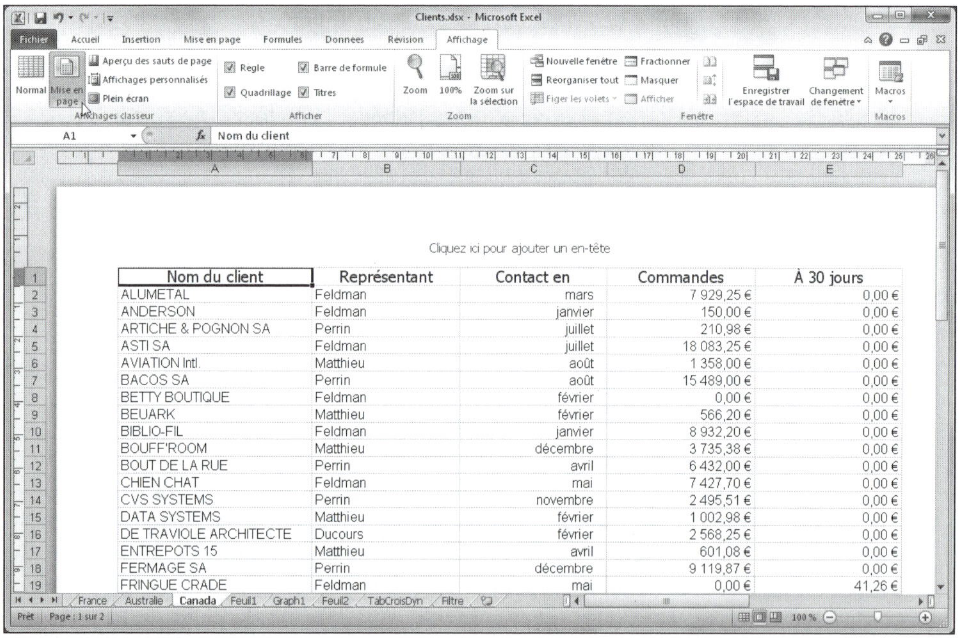

Figure 5.1 : Affichage d'une feuille de calcul en mode Mise en page.

Pour voir combien de pages sont nécessaires pour imprimer votre feuille de calcul, tirez le curseur de zoom vers la gauche, dans la Barre d'état, jusqu'au moment où toutes les données de la feuille apparaissent à l'écran et tiennent dans la même feuille.

Excel affiche les règles en utilisant l'unité par défaut, c'est-à-dire les centimètres. Pour changer l'unité, ouvrez la boîte de dialogue Options Excel sur l'onglet Options avancées (Fichier/Options Excel/Options avancées) et sélectionnez l'unité de votre choix dans la liste déroulante Unités de la règle de la section Afficher.

Vous êtes libre de masquer ou d'afficher les règles dans le mode Mise en page. Pour cela, cliquez sur le bouton Afficher/Masquer dans l'onglet Affichage du Ruban, et cliquez sur la case Règle pour en ôter ou y mettre la coche.

Vérifier et imprimer à partir du panneau Imprimer

Pour ne pas gâcher inutilement du papier, imprimez la feuille de calcul directement à partir du panneau Imprimer de l'affichage Backstage en cliquant sur Fichier/Imprimer ou en appuyant sur Ctrl + P ou sur Ctrl + F2. Comme le révèle la Figure 5.2, le panneau Imprimer montre d'un seul coup d'œil tous les paramètres d'impression ainsi qu'un aperçu des pages.

Vous pouvez utiliser la fonction d'aperçu avant l'impression du panneau Imprimer pour imprimer une feuille de calcul, une partie de feuille de calcul ou le classeur tout entier. Vous devrez gérer les sauts de pages lorsque le document à imprimer ne tient pas sur une seule feuille de papier. L'aperçu montre exactement comment les données seront réparties sur la ou les feuilles au moment de l'impression. Au besoin, vous pouvez retourner dans la feuille de calcul afin d'y effectuer des changements à partir de l'onglet Mise en page du ruban (*NdT* : Ou en réglant directement la largeur des colonnes dans la feuille de calcul), avant d'envoyer le document vers l'imprimante.

Le contenu d'une page est à peine lisible dans le panneau Imprimer. Pour agrandir l'aperçu à la taille réelle afin de vérifier des données, cliquez sur le bouton Zoom sur la page, en bas à droite du panneau Impression. La Figure 5.3 montre la première page d'une feuille de calcul agrandie après avoir cliqué sur le bouton Zoom sur la page.

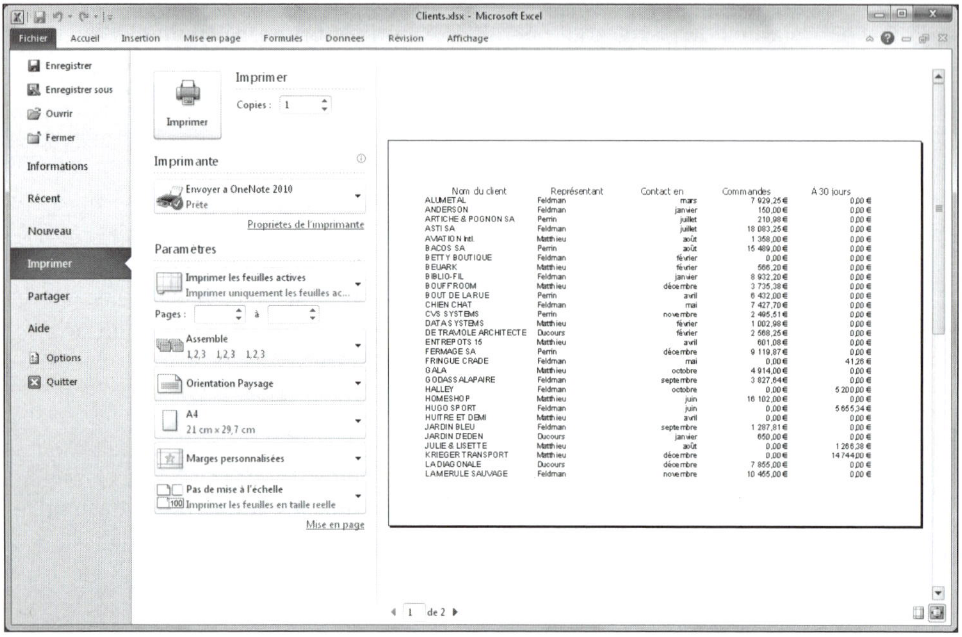

Figure 5.2 : Le panneau Imprimer de l'affichage Backstage montre les paramètres d'affichage ainsi qu'un aperçu de la sortie imprimante.

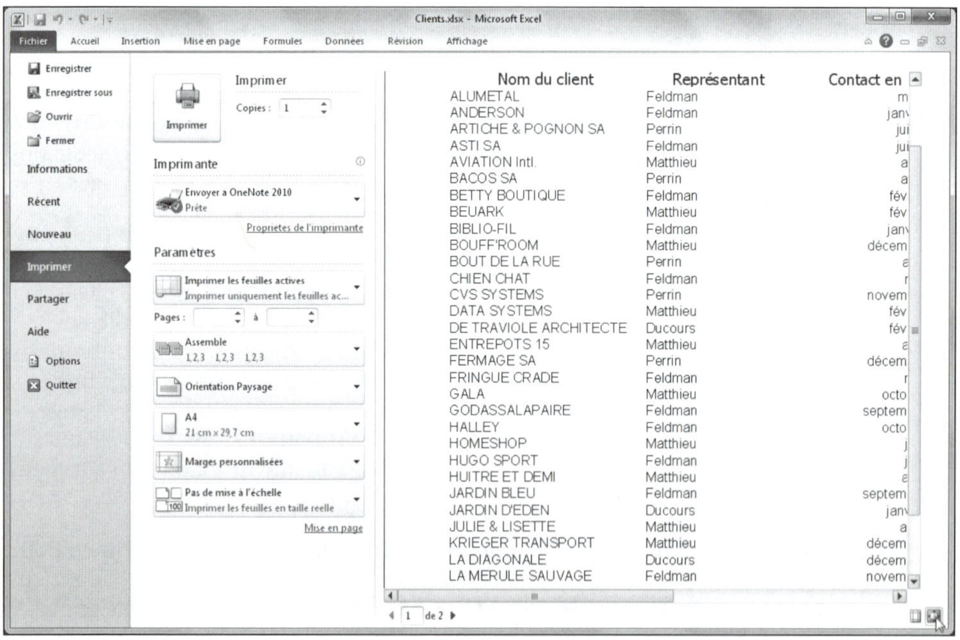

Figure 5.3 : L'agrandissement d'une page de la feuille de calcul.

Après avoir agrandi l'aperçu, actionnez les barres de défilement pour accéder à ses diverses parties. Pour revenir à l'affichage de la feuille de calcul toute entière, cliquez de nouveau sur le bouton Zoom sur la page.

Le nombre de pages à imprimer est indiqué en bas à gauche de l'aperçu. Si le document compte plusieurs pages, cliquez sur les boutons fléchés de part et d'autre du compteur pour les parcourir.

Cliquez sur le bouton Afficher les marges, à gauche du bouton Zoom sur la page, pour voir comment les données occuperont la feuille de papier. Les marges sont réglables en plaçant le pointeur de la souris dessus ; lorsqu'il se transforme en poignée, cliquez et tirez pour les régler. Nous y reviendrons à la section « Soigner les marges », plus loin dans ce chapitre.

Après avoir vérifié le document, vous configurerez les paramètres suivants :

- Le bouton **Imprimer** et le champ **Copies :** Cliquez dessus pour imprimer la feuille de calcul en autant d'exemplaires qu'indiqué dans le champ Copies.
- Le menu **Imprimante :** Il sert à sélectionner une imprimante ou un fax. Excel affiche toujours, dans ce menu, le nom de l'imprimante par défaut définie dans Windows.
- Les menus **Paramètres :** Le premier de ces menus sert à définir ce qu'il faut imprimer. Vous avez le choix entre Imprimer les feuilles actives (préalablement sélectionnées), Imprimer le classeur entier ou Imprimer la sélection. Sous le menu, vous pouvez indiquer les numéros des pages à imprimer, de la première du lot à la dernière.

  Les autres menus permettent d'imprimer recto verso (si l'imprimante est capable de gérer cette fonction), d'imprimer les pages assemblées, lorsque plusieurs exemplaires sont tirés, ou non assemblées (toutes les pages 1, puis toutes les pages 2 et ainsi de suite). Le menu Orientation permet d'imprimer la page dans le sens normal, en hauteur (Portrait) ou en largeur (Paysage).

La zone d'impression

Excel comporte une fonctionnalité spéciale appelée Zone d'impression. Pour l'utiliser, commencez par sélectionner une plage de cellules dans la feuille de calcul. Ensuite, dans le Ruban, cliquez sur l'onglet Mise en page puis, dans le groupe Mise en page, cliquez sur le bouton Zone d'impression et choisissez Définir. Cela fait, Excel imprimera cette sélection chaque fois que vous imprimez la feuille de calcul, soit en cliquant sur le bouton Impression rapide, si vous l'avez ajouté à la barre d'outils Accès rapide, soit en cliquant sur Fichier/Imprimer ou en utilisant le raccourci Ctrl + P.

Après avoir défini la zone d'impression, cette plage de cellules est la seule qui puisse être imprimée, quelle que soit par ailleurs la configuration définie dans les menus Paramètres du panneau Imprimer. Et cela jusqu'à ce que vous choisissiez l'option Annuler dans le menu Mise en page/Zone d'impression.

Vous pouvez aussi définir et annuler une zone d'impression dans l'onglet Feuille de la boîte de dialogue Mise en page (pour ouvrir cette boîte de dialogue, cliquez sur le lanceur de boîte de dialogue du groupe Mise en page de l'onglet Mise en page, dans le coin inférieur droit de ce groupe). Pour cela, cliquez dans le champ Zone d'impression dans l'onglet Feuille de cette boîte de dialogue, et sélectionnez dans la feuille de calcul la plage ou les plages de cellules que vous voulez définir comme zone d'impression. N'oubliez pas que vous pouvez cliquer sur le bouton qui se trouve à l'extrémité droite de ce champ pour minimiser la boîte de dialogue Mise en page et sélectionner plus facilement les cellules voulues (cliquez à nouveau sur ce même bouton pour faire réapparaître la boîte de dialogue en entier). Pour annuler une zone d'impression, ou simplement retirer une ou plusieurs plages de cellules d'une zone impression, dans la boîte de dialogue Mise en page, sélectionnez les plages voulues dans le champ Zone d'impression et appuyez sur la touche Suppr.

Imprimer la feuille de calcul

Tant que vous utilisez les paramètres d'impression par défaut d'Excel pour imprimer votre feuille de calcul, l'impression dans Excel 2010 sera pour vous un jeu d'enfant. Pour commencer, ajoutez le bouton Impression rapide dans la barre d'outils Accès rapide : cliquez sur le triangle pointant vers le bas à l'extrémité droite de celle-ci, et sélectionnez Impression rapide dans le menu qui apparaît.

Une fois que le bouton Impression rapide apparaît dans la barre d'outils Accès rapide, vous pouvez cliquer dessus pour imprimer directement la feuille de calcul affichée, y compris les images et les graphiques (mais sans les commentaires que vous avez pu ajouter aux cellules), sans passer par la boîte de dialogue Imprimer.

Quand vous cliquez sur le bouton Impression rapide, Excel envoie directement la tâche d'impression correspondante dans la file d'attente de l'imprimante par défaut, qui est en quelque sorte le messager qui envoie les tâches d'impression à l'imprimante. Excel affiche alors (très fugitivement, à moins que vous ayez vraiment un très gros fichier) une boîte de dialogue Impression pour vous informer de la progression de l'envoi de cette tâche d'impression à la file d'attente de l'imprimante (en affichant un message du genre *Impression de la page 2/3 « Nom du fichier » en cours sur Nom de l'imprimante*). Une fois que cette boîte de dialogue a disparu, c'est-à-dire dans la plupart des cas avant que vous ayez eu le temps de lire ce message, vous pouvez vous remettre au travail dans Excel.

Au cas où vous voudriez annuler l'impression, la boîte de dialogue Impression contient un bouton Annuler. Si vous êtes aussi rapide que Lucky Luke, cliquez sur ce bouton. Dans le cas contraire, vous devez faire comme tout le monde, c'est-à-dire ouvrir la boîte de dialogue de l'imprimante pour y annuler la tâche d'impression :

1. **Cliquez du bouton droit sur l'icône d'imprimante qui apparaît dans la Zone de notification de la Barre des tâches de Windows (juste à gauche de l'affichage de l'heure) lorsqu'une tâche d'impression se trouve dans la file d'attente, et sélectionnez le nom de l'imprimante utilisée pour l'impression de votre document dans le menu qui apparaît.**

   La boîte de dialogue des tâches d'impression en cours pour cette imprimante apparaît.

2. **Cliquez du bouton droit sur l'icône de l'imprimante et, dans le menu déroulant, choisissez Ouvrir toutes les imprimantes actives.**

   Cela ouvre la boîte de dialogue de l'imprimante, avec les tâches d'impression dans la file d'attente (sous l'en-tête Nom du document).

3. **Sélectionnez la tâche d'impression à annuler.**

4. **Choisissez Document/Annuler (ou équivalent) dans le menu qui apparaît, puis cliquez sur Oui pour confirmer.**

5. **Attendez que la tâche d'impression disparaisse de la liste, puis cliquez sur le bouton de fermeture de la boîte de dialogue et revenez à Excel.**

Mettre en page la feuille de calcul

La seule chose un peu compliquée dans l'impression d'une feuille de calcul est la détermination de la disposition des pages. Heureusement, les boutons de commande du groupe Mise en page de l'onglet Mise en page du Ruban vous offrent un contrôle presque total de la disposition de vos pages.

Les trois groupes de boutons de l'onglet Mise en page vous permettent de définir la disposition de vos pages exactement comme vous le voulez : le groupe Mise en page, le groupe Mise à l'échelle et le groupe Options de la feuille de calcul, que nous allons décrire dans les sections qui suivent.

Pour visualiser l'effet des modifications que vous apportez aux paramètres de mise en page, cliquez sur le bouton Mise en page de la Barre d'état pour afficher la feuille de calcul en mode Mise en page. Vous pourrez ainsi vous rendre compte immédiatement de l'effet produit par votre utilisation des boutons de l'onglet Mise en page.

Utiliser les boutons du groupe Mise en page

Le groupe Mise en page de l'onglet Mise en page contient des boutons importants :

- **Marges :** Ce bouton permet de sélectionner l'une des trois configurations de marges prédéfinies, ainsi que d'ouvrir la boîte de dialogue Mise en page avec l'onglet Marges au premier plan pour définir des marges personnalisées.
- **Orientation :** Ce bouton permet de basculer entre le mode Portrait et le mode Paysage pour définir les pages de documents dans la feuille de calcul.
- **Taille :** Ce bouton permet de sélectionner l'une des tailles de papier prédéfinies, ainsi que de faire apparaître la boîte de dialogue Mise en page avec l'onglet Pages au premier plan pour spécifier une taille de papier personnalisée et d'autres paramètres de page.
- **Zone d'impression :** Ce bouton permet de définir et d'annuler une zone d'impression (voyez à ce sujet l'encadré « La zone d'impression », précédemment dans ce chapitre).
- **Sauts de page :** Ce bouton permet d'insérer ou de supprimer des sauts de page.
- **Arrière-plan :** Ce bouton ouvre la boîte de dialogue Feuille d'arrière-plan, dans laquelle vous pouvez sélectionner le fichier

graphique d'une image ou d'une photo qui sera utilisée comme arrière-plan pour toutes les feuilles de calcul du classeur (notez que ce bouton devient Supprimer l'arrière-plan lorsqu'une image d'arrière-plan a déjà été sélectionnée).

- **Imprimer les titres :** Ce bouton ouvre la boîte de dialogue Mise en page avec l'onglet Feuille au premier plan, dans lequel vous pouvez définir des lignes de la feuille de calcul comme devant être imprimées en haut de chaque page, et des colonnes comme devant être imprimées à gauche de chaque page, en tant que titres pour le rapport.

Soigner les marges

Quand vous créez un nouveau classeur, Excel lui applique les paramètres de marge par défaut, c'est-à-dire les marges Normales dans le menu affiché par le bouton Marges de l'onglet Mise en page (Haut et Bas : 1,91 cm ; Gauche et Droite : 1,78 cm ; En-tête et Pied de page : à 0,76 cm du bord de la page).

En dehors des paramètres de marges Normales, Excel vous permet de sélectionner directement deux autres configurations de marges standard à partir du menu du bouton Marges de l'onglet Mise en page :

- **Larges** (Haut et Bas : 2,54 cm ; Gauche et Droite : 2,54 cm ; En-tête et Pied de page : à 1,27 cm du bord de la page).
- **Étroites** (Haut et Bas : 1,91 cm ; Gauche et Droite : 0,64 cm ; En-tête et Pied de page : à 0,76 cm du bord de la page).

Il vous arrivera souvent d'avoir un rapport qui occupe juste un peu plus que la surface d'une page à l'impression, de telle sorte qu'une ou deux colonnes ou un petit nombre de lignes se retrouvent sur une autre page. Avec un peu de chance, il vous suffira de sélectionner les marges standard Étroites pour que l'ensemble tienne sur une seule page.

Si ça ne suffit pas, vous pouvez essayer de définir des marges personnalisées, que ce soit dans l'onglet Marges de la boîte de dialogue Mise en page ou en faisant glisser avec la souris les repères des marges dans l'affichage Aperçu avant impression. Pour faire tenir plus de colonnes sur une page, réduisez les marges droite et gauche. Pour faire tenir plus de lignes, réduisez les marges du haut et du bas.

Pour ouvrir la boîte de dialogue Mise en page avec l'onglet Marges au premier plan (Figure 5.4), cliquez sur la commande Marges personnalisées, tout en bas du menu du bouton Marges de l'onglet Mise en page, et entrez les paramètres voulus dans les champs correspondants (vous pouvez aussi utiliser les boutons qui se trouvent dans ces champs pour augmenter ou réduire la valeur).

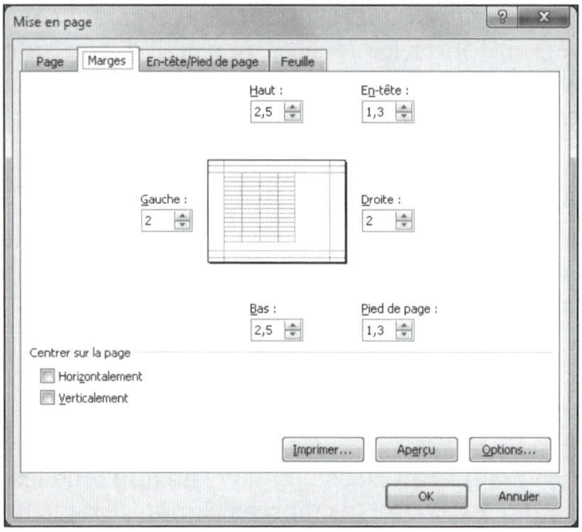

Figure 5.4 : Utilisez l'onglet Marges de la boîte de dialogue Mise en page pour définir des marges personnalisées.

Pour que les données de la page soient automatiquement centrées sur la page à l'impression, cochez la case Horizontalement, ou la case Verticalement, dans la section Centrer sur la page de cet onglet, ou les deux. Les données seront alors centrées à l'impression entre les marges spécifiées.

Lorsque vous cochez la case Afficher les marges dans l'onglet Aperçu avant impression de l'affichage Aperçu avant impression pour pouvoir ajuster manuellement les marges, les repères des colonnes apparaissent également, ce qui vous permet d'ajuster également la largeur des colonnes (ce que montre la Figure 5.5). Pour modifier une marge, placez le pointeur de la souris sur le repère correspondant (le pointeur prend la forme d'une flèche à double pointe), et faites-le glisser dans la direction voulue. Lorsque vous relâchez le bouton de la souris, Excel affiche la page avec la nouvelle marge que vous venez de définir. Selon que vous réduisez ou que vous augmentez une marge, la page peut gagner ou perdre des lignes ou des colonnes. Utilisez la même méthode pour ajuster la largeur des colonnes : faites glisser les repères correspondants.

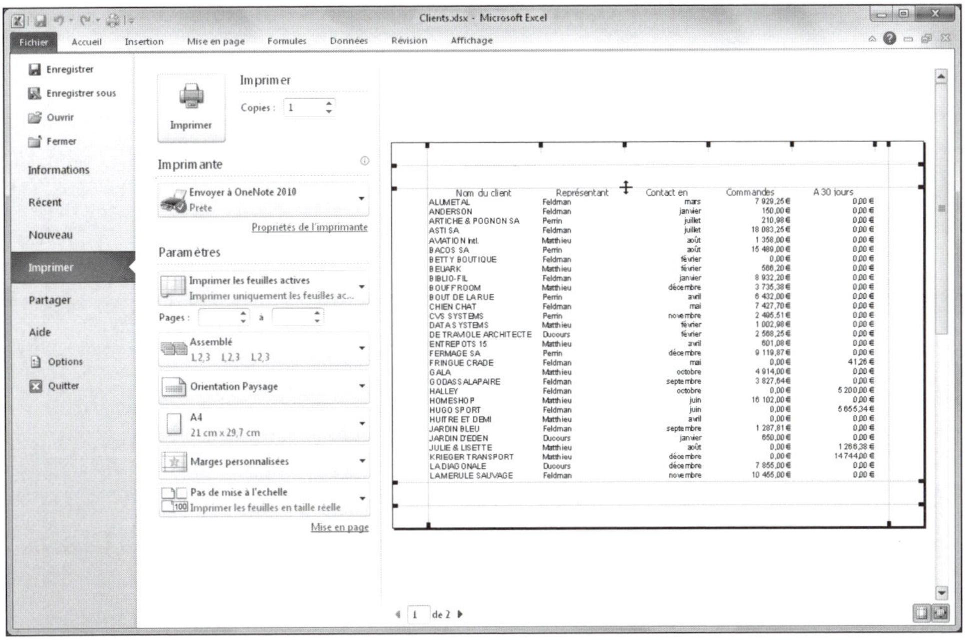

Figure 5.5 : Après avoir coché la case Afficher les marges, faites glisser les repères pour régler les marges.

Portrait ou paysage ?

Le menu du bouton Orientation du groupe Mise en page de l'onglet Mise en page contient les deux options suivantes :

- **Portrait :** C'est l'option par défaut, qui correspond à l'usage habituel d'une feuille de papier. La page est plus haute que large.
- **Paysage :** C'est l'inverse, quand on fait tourner la page de 90 degrés. La page est plus large que haute.

Comme il est courant qu'un tableau soit assez large et comme les tableaux sont l'usage principal des feuilles de calcul, l'orientation Paysage, qui permet de faire tenir un plus grand nombre de colonnes sur la feuille, vous sera souvent plus pratique que l'orientation Portrait pour imprimer vos feuilles de calcul.

Dans la Figure 5.6, vous pouvez voir une liste en mode Paysage affichée en mode Mise en page. Excel peut faire tenir davantage de colonnes sur la page en mode Paysage qu'en mode Portrait. Mais comme il y a corrélativement moins de lignes sur une page, celles-ci s'étendent sur un plus grand nombre de pages qu'en mode Portrait.

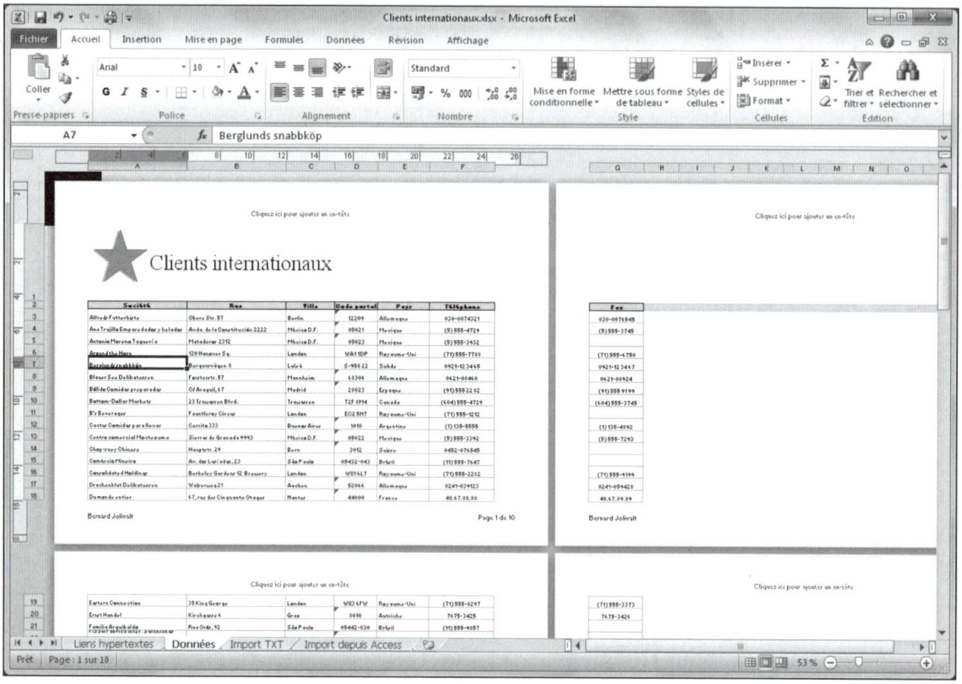

Figure 5.6 : Une liste en mode Paysage affichée en mode Mise en page.

Définir les titres à imprimer

La fonction Imprimer les titres d'Excel vous permet de répéter sur chaque page d'un rapport l'impression de certaines lignes et/ou de certaines colonnes, ce qui est particulièrement utile pour les lignes et colonnes d'en-tête d'un tableau qui s'étend sur plusieurs pages.

> Ne confondez pas les titres à imprimer avec l'en-tête et le pied de page d'un rapport. Bien que les uns comme les autres soient imprimés sur toutes les pages, l'en-tête et le pied de page sont imprimés respectivement dans la marge supérieure et la marge inférieure de la page, alors que les titres à imprimer le sont dans le corps du rapport.

Pour définir des lignes et des colonnes comme titres à imprimer pour un rapport, suivez ces étapes :

1. **Dans l'onglet Mise en page du Ruban, cliquez sur le bouton Imprimer les titres.**

La boîte de dialogue Mise en page apparaît, avec l'onglet Feuille au premier plan (Figure 5.7).

Pour définir des lignes comme titres à imprimer, allez à l'Étape 2a. Pour définir des colonnes comme titres à imprimer, allez à l'Étape 2b.

2a. **Cliquez sur le bouton qui se trouve à l'extrémité droite du champ Lignes à répéter en haut pour minimiser la boîte de dialogue Mise en page ; sélectionnez avec la souris dans la feuille de calcul les lignes que vous voulez voir se répéter en haut de chaque page dans le rapport imprimé, puis cliquez à nouveau sur le bouton du champ Lignes à répéter en haut pour rétablir la boîte de dialogue Mise en page.**

Dans l'exemple de la Figure 5.7, j'ai cliqué sur le bouton de minimisation à droite du champ Lignes à répéter en haut pour minimiser la boîte de dialogue Mise en page, et j'ai sélectionné les lignes 1 et 2 dans la feuille de calcul. Excel a donc affiché l'indication $1:$2 dans le champ Lignes à répéter en haut.

Remarquez qu'Excel met en évidence les lignes des titres à répéter en haut en plaçant un trait en pointillé animé entre ces titres et les autres informations du rapport.

2b. **Cliquez sur le bouton qui se trouve à l'extrémité droite du champ Colonnes à répéter à gauche pour minimiser la boîte de dialogue Mise en page ; sélectionnez avec la souris dans la feuille de calcul les colonnes que vous voulez voir se répéter à gauche de chaque page dans le rapport imprimé (Figure 5.7), puis cliquez à nouveau sur le bouton du champ Colonnes à répéter à gauche pour rétablir la boîte de dialogue Mise en page.**

Remarquez qu'Excel met en évidence les colonnes des titres à répéter à gauche en plaçant un trait en pointillé animé entre ces titres et les autres informations du rapport.

3. **Cliquez sur OK ou appuyez sur Entrée pour fermer la boîte de dialogue Mise en page.**

Les traits en pointillé indiquant les limites des lignes et des colonnes à répéter disparaissent de la feuille de calcul.

Pour désactiver les titres à imprimer d'un rapport lorsque vous n'en avez plus besoin, ouvrez la boîte de dialogue Mise en page avec l'onglet Feuille au premier plan, supprimez le contenu des champs Lignes à répéter en haut et Colonnes à répéter à gauche, puis cliquez sur OK ou appuyez sur Entrée.

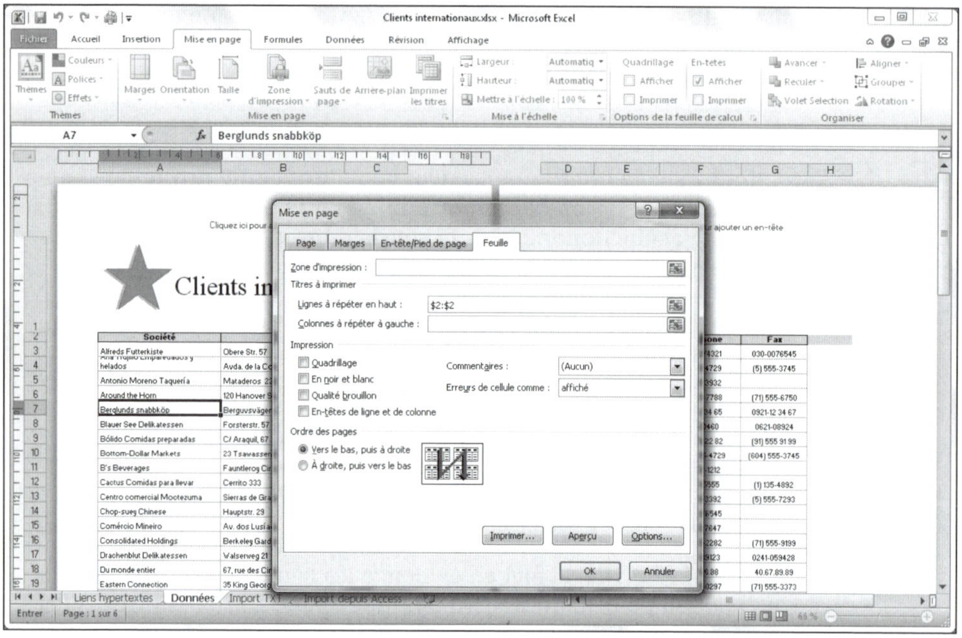

Figure 5.7 : La ligne d'en-tête est à présent répétée en haut de chaque page imprimée.

Utiliser les boutons du groupe Mise à l'échelle

Si votre imprimante offre des options de mise à l'échelle, vous allez en découvrir la commodité. Il est en effet possible de faire tenir une feuille de calcul sur une seule page en sélectionnant 1 page dans les listes déroulantes Largeur et Hauteur du groupe Mise à l'échelle de l'onglet Mise en page. Lorsque ces options sont sélectionnées, Excel ajuste automatiquement l'échelle de la zone à imprimer pour que l'ensemble tienne sur une page à l'impression.

Après avoir sélectionné ces options, si vous vous apercevez en affichant l'Aperçu avant impression que le résultat est trop petit pour être lisible, cliquez sur le bouton Mise en page dans l'onglet Aperçu avant impression pour faire apparaître la boîte de dialogue Mise en page avec l'onglet Page au premier plan, dans lequel l'option Ajuster vous permet de modifier le nombre de pages en largeur et en hauteur auquel Excel doit ajuster la taille de votre document à l'impression. Utilisez pour cela les deux champs de l'option Ajuster.

Plutôt que d'essayer de tout faire tenir sur une page, voyez comment se présente votre feuille de calcul si vous la faites tenir sur deux pages en largeur. Essayez ceci : sélectionnez 2 pages dans la liste déroulante du bouton Largeur du groupe Mise à l'échelle de l'onglet Mise en page, et conservez 1 page dans la liste déroulante du bouton Hauteur. Vous pouvez aussi faire l'inverse en voyant comment se présente votre feuille de calcul si vous la faites tenir sur deux pages en hauteur : sélectionnez 2 pages dans la liste déroulante du bouton Hauteur, et conservez 1 page dans la liste déroulante du bouton Largeur.

Après avoir essayé les options d'ajustement en largeur et en hauteur, vous conclurez peut-être que vous ne voulez pas de mise à l'échelle pour l'impression. Pour l'annuler, sélectionnez simplement Automatique dans les deux listes déroulantes Largeur et Hauteur du groupe Mise à l'échelle de l'onglet Mise en page. Vous voyez alors que le champ du bouton Mettre à l'échelle (juste au-dessous des deux précédents) est à nouveau disponible et affiche 100 %.

Les cases Imprimer dans le groupe Options de la feuille de calcul

Le groupe Options de la feuille de calcul contient deux cases très utiles, toutes deux nommées Imprimer (aucune des deux n'étant cochée par défaut) : la première dans la colonne Quadrillage, la seconde dans la colonne Titres.

- Pour imprimer votre rapport avec le quadrillage des lignes et des colonnes, cochez la case Imprimer dans la colonne Quadrillage.
- Pour imprimer votre rapport avec les numéros de lignes et les lettres de colonnes sur toutes ses pages, cochez la case Imprimer dans la colonne Titres.

Si vous voulez que votre rapport imprimé soit aussi proche que possible de la manière dont il se présente à l'écran, cochez ces deux cases. Ces options sont particulièrement utiles lorsque vous avez besoin d'identifier les références des cellules sur la version imprimée (par exemple, pour les mettre à jour plus facilement dans la feuille).

Maintenir l'ordre dans la feuille de calcul

Chapitre 6

Dans ce chapitre :

- Zoomer en avant et en arrière.
- Fractionner la fenêtre d'un classeur en deux ou quatre volets.
- Figer les lignes ou les colonnes des titres.
- Attacher un commentaire à une cellule.
- Nommer des cellules.
- Rechercher et remplacer des données.

Chaque feuille de calcul d'Excel offre énormément de place pour vos informations, et par défaut chaque classeur ouvre trois feuilles. Mais, comme un écran ne peut en montrer qu'une petite partie, la maintenance de ces informations n'est pas une mince affaire.

Dans ce chapitre, vous découvrirez quelques techniques efficaces pour garantir la maintenance de vos informations. Vous apprendrez comment attirer l'attention sur une partie d'une feuille de calcul en zoomant dedans, ou comment diviser la fenêtre d'un document en plusieurs volets montrant simultanément diverses parties d'une même feuille, et aussi comment afficher en permanence certaines lignes et colonnes.

Coup de zoom sur les cellules

Bon… Qu'allez-vous faire si votre directeur traîne les pieds pour vous offrir l'écran 22 pouces qui vous éviterait d'user vos yeux sur de minuscules caractères à peine lisibles et de faire défiler la feuille à tout bout de champ parce que trop peu de cellules sont visibles ? Vous utiliserez le curseur de zoom, toujours disponible dans la Barre d'état. Il suffit de le tirer vers la gauche pour réduire et voir plus de cellules, et le tirer vers la droite pour agrandir ce que vous voyez.

La Figure 6.1 montre l'agrandissement d'une feuille de calcul à 200 %, soit le double de l'affichage normal. Pour appliquer ce rapport d'agrandissement à une feuille, faites glisser vers la droite le curseur de zoom jusqu'à ce que l'indicateur numérique affiche 200 % (juste à gauche du curseur). Vous pouvez aussi cliquer sur le bouton Zoom dans l'onglet Affichage, et sélectionner 200 % dans la boîte de dialogue Zoom qui apparaît. Une chose est sûre, c'est que vous n'aurez pas à mettre de lunettes pour lire le contenu des cellules ! Le seul problème avec un tel agrandissement est que vous ne voyez plus beaucoup de cellules à l'écran.

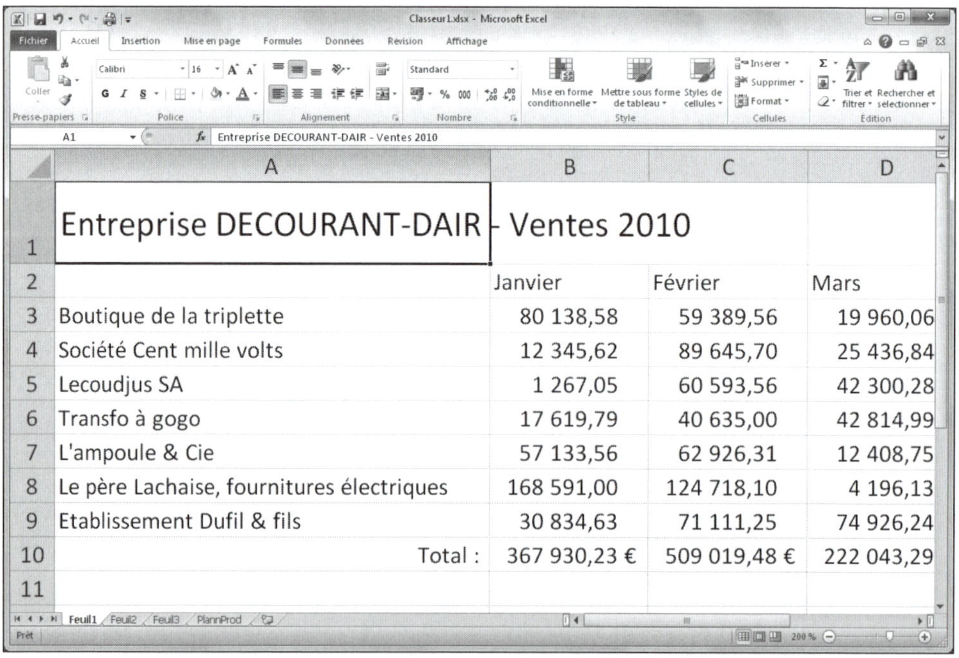

Figure 6.1 : Zoom à 200 % dans une feuille de calcul.

La Figure 6.2 montre la même feuille de calcul mais avec une réduction à 50 %, soit la moitié de la taille normale. Pour obtenir cette valeur de zoom, faites glisser vers la gauche le curseur de zoom jusqu'à ce que l'indicateur numérique affiche 50 %.

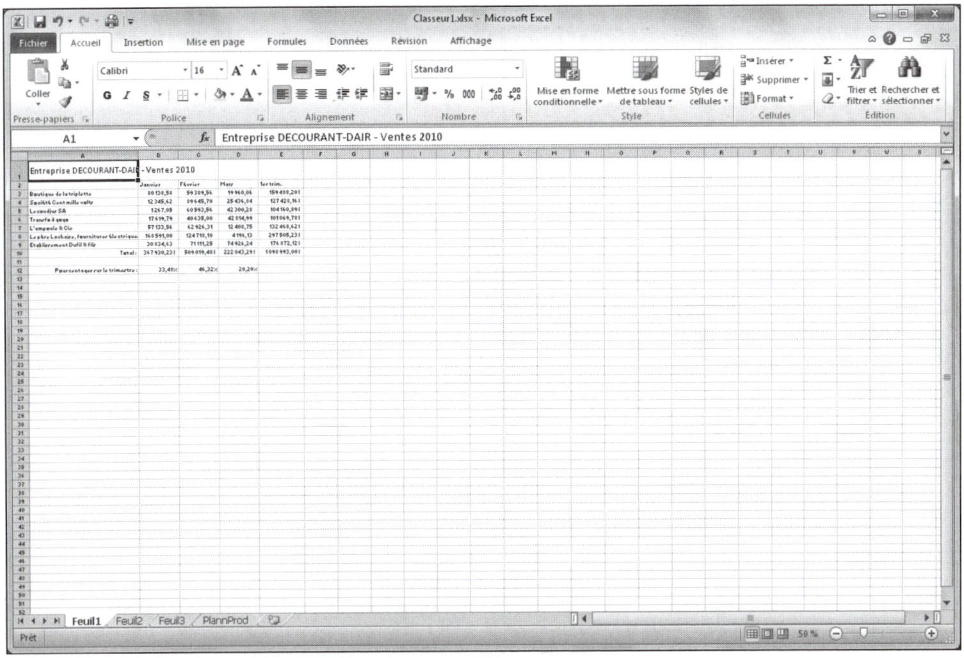

Figure 6.2 : La même feuille de calcul avec le zoom à 50 %.

Avec une réduction à 40 %, la seule chose qui est sûre, c'est que plus rien n'est lisible ! Remarquez que cet affichage permet néanmoins de bénéficier d'une vue très élargie sur la feuille de calcul.

La boîte de dialogue Zoom (Affichage/Zoom) offre le choix de cinq facteurs d'agrandissement (200, 100 [l'affichage normal], 75, 50 et 25 %). Si ces valeurs ne vous conviennent pas, vous avez deux autres possibilités :

- Pour utiliser des facteurs d'agrandissement plus élevés ou plus réduits que ceux proposés (par exemple 400 % ou 10 %), ou intermédiaires (par exemple 150 % ou 85 %), sélectionnez le bouton Personnalisé dans la boîte de dialogue Zoom, entrez le pourcentage voulu dans le champ qui accompagne cette option, et cliquez sur OK ou appuyez sur Entrée.

- Si vous ne savez pas quel pourcentage il faut appliquer pour cadrer une plage de cellules donnée, sélectionnez cette plage et cliquez sur le bouton Zoom sur la sélection dans l'onglet Affichage. Excel adapte automatiquement le facteur d'agrandissement pour afficher les cellules sélectionnées dans tout l'espace disponible de la fenêtre.

Pour revenir rapidement au taux d'agrandissement normal (100 %), cliquez exactement sur le petit trait vertical qui indique le centre de l'espace de déplacement du curseur de zoom dans la Barre d'état.

Fractionner une fenêtre

Bien que le zoom facilite l'accès aux données dispersées dans une feuille de calcul, il ne permet en rien d'afficher deux endroits éloignés d'une feuille afin d'en comparer le contenu (du moins pas avec un rapport d'affichage normal). Pour contourner ce problème, vous pouvez diviser la fenêtre d'un document en deux volets distincts et faire défiler librement la feuille dans chacun d'eux.

Il est facile de fractionner une fenêtre. Regardez la Figure 6.3 qui montre des résultats après que la fenêtre a été fractionnée horizontalement en deux volets. Celui du bas commence à la ligne 38, car j'en ai fait défiler le contenu vers le haut pour qu'il affiche les résultats de l'année. Chaque volet possède sa propre barre de défilement vertical, ce qui permet de les manipuler indépendamment l'un de l'autre.

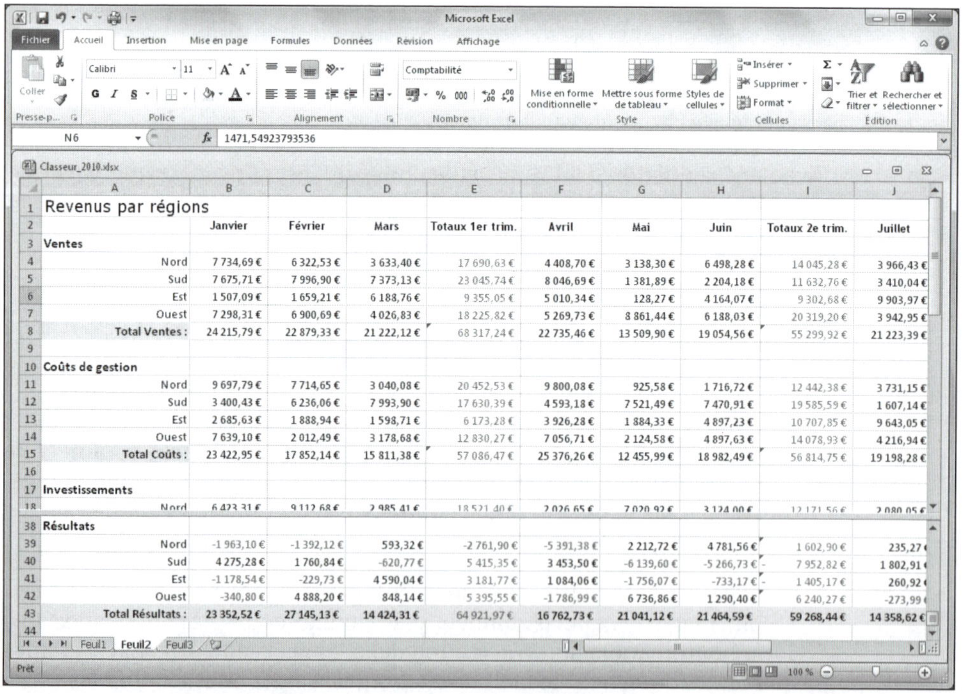

Figure 6.3 : Avec le fractionnement, deux volets peuvent afficher simultanément deux portions éloignées du même document.

Pour fractionner une feuille de calcul en deux volets supérieur et inférieur, vous devez faire glisser le *curseur de fractionnement* (situé juste au-dessus de la barre de défilement verticale), pour obtenir deux volets de la taille que vous voulez. Suivez ces étapes :

1. **Cliquez sur le curseur de fractionnement horizontal et maintenez enfoncé le bouton de la souris.**

   Le pointeur de la souris se transforme en une double barre à deux flèches, semblable à celle utilisée pour réafficher des lignes masquées.

2. **Faites glisser vers le bas jusqu'à ce que la barre de fractionnement se trouve à l'emplacement voulu.**

   Une barre de fractionnement grise se déplace. Elle montre l'endroit où se produira le fractionnement.

3. **Relâchez le bouton de la souris.**

   Excel divise la fenêtre en deux volets superposés, séparés par la barre de fractionnement. Une barre de défilement est ajoutée au nouveau volet.

Il est aussi possible de fractionner la fenêtre du document en deux volets gauche et droite en procédant ainsi :

1. **Cliquez sur le curseur de fractionnement situé à droite de la barre de défilement horizontale.**

2. **Faites-le glisser vers la gauche ou vers la droite jusqu'à l'endroit où vous voulez placer le fractionnement.**

3. **Relâchez le bouton de la souris.**

   Excel divise la fenêtre et ajoute une barre de défilement horizontale au nouveau volet.

Ne confondez pas le curseur de fractionnement, qui se trouve à droite de la barre de défilement horizontale, avec le curseur d'onglet qui, lui, se trouve à gauche de la barre. Ce dernier sert à découvrir un plus grand nombre d'onglets, lorsque tous ne peuvent être affichés.

Notez qu'il est possible de supprimer le volet supplémentaire d'une fenêtre de classeur, en double-cliquant n'importe où sur la barre de fractionnement plutôt que de la ramener à son emplacement initial.

Au lieu de faire glisser les curseurs de fractionnement, vous pouvez cliquer sur le bouton Fractionner dans le groupe Fenêtre de l'onglet Affichage (il se trouve juste à droite du bouton Nouvelle Fenêtre). Excel utilise la position du curseur de cellule pour déterminer l'endroit où placer les barres de fractionnement. La barre de fractionnement verticale est placée sur le bord gauche du curseur de cellule, et la barre de fractionnement horizontale sur son bord supérieur.

Pour fractionner une fenêtre uniquement en deux volets horizontaux (séparés par une barre de fractionnement horizontale), procédez ainsi : placez le curseur de cellule dans la première colonne de la feuille, sur la cellule dont le bord supérieur correspond à l'endroit où vous voulez placer la barre de fractionnement. Si vous voulez fractionner votre fenêtre uniquement en deux volets verticaux (séparés par une barre de fractionnement verticale), procédez ainsi : placez le curseur de cellule dans la première ligne de la feuille, sur la cellule dont le bord gauche correspond à l'endroit où vous voulez placer la barre de fractionnement.

Quand vous placez le curseur de cellule sur une quelconque cellule et que vous cliquez sur le bouton Fractionner, sous l'onglet Affichage, Excel divise la fenêtre en quatre volets, avec la barre de fractionnement verticale touchant le bord gauche de la cellule sélectionnée, et la barre de fractionnement horizontale touchant le bord supérieur de celle-ci. C'est ce que montre la Figure 6.4 : j'ai sélectionné la cellule B9 et cliqué sur le bouton Fractionner dans l'onglet Affichage. Les barres de fractionnement sont donc respectivement entre les lignes 9 et 10 et entre les colonnes A et B.

Lorsque le curseur de cellule est en A1, le bouton Fractionner de l'onglet Affichage divise la fenêtre en quatre volets égaux, quel que soit le rapport du zoom.

Lorsque la fenêtre est fractionnée, il suffit de cliquer sur n'importe quelle cellule à l'intérieur d'un des volets pour que celui-ci soit le volet actif. Pour faire disparaître le fractionnement d'une fenêtre fractionnée, cliquez simplement sur le bouton Fractionner dans l'onglet Affichage.

Figer les volets

Les volets sont parfaits pour visualiser simultanément plusieurs parties éloignées d'une feuille de calcul. Mais ils peuvent aussi servir à figer des titres, en haut de la feuille ou à gauche, de sorte que les données peuvent défiler tandis que les titres restent en place. Les volets figés sont particulièrement utiles pour les tableaux dont les données s'étendent loin au-delà des lignes et des colonnes affichées à l'écran.

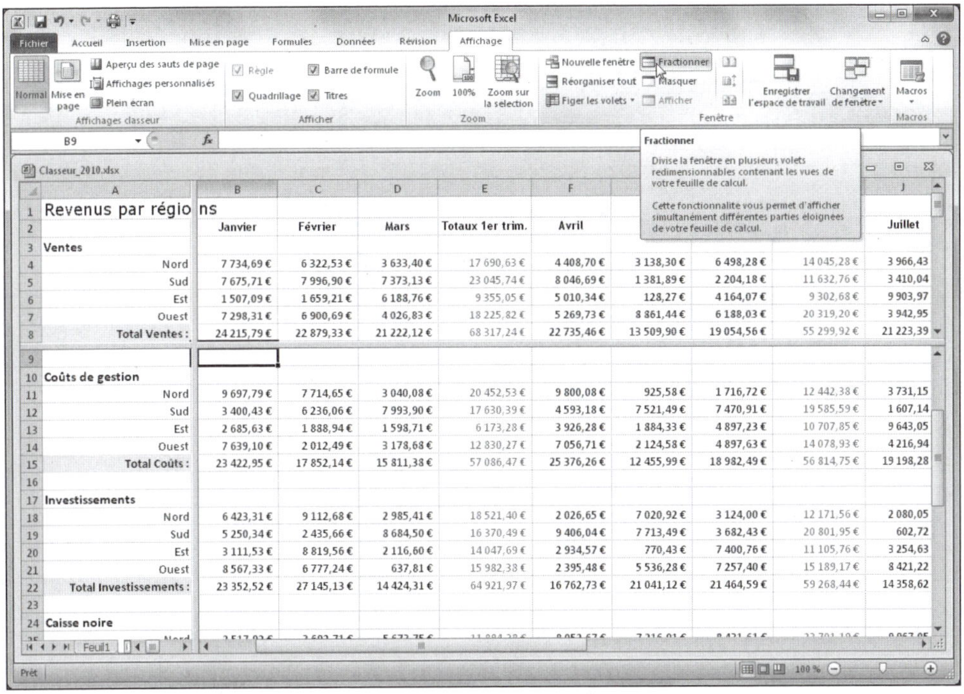

Figure 6.4 : Fractionnement d'une fenêtre de classeur en quatre volets après avoir placé le curseur de cellule dans la cellule B14.

La Figure 6.5 montre un tel tableau. La feuille de calcul contenant les résultats contient trop de lignes et de colonnes pour les afficher toutes à la fois, à moins de zoomer à un rapport prohibitivement faible. À titre indicatif, cette feuille de calcul comporte 43 lignes, et sa dernière colonne est la colonne Q.

En divisant la fenêtre du document en deux volets entre les lignes 2 et 3 et en les figeant ensuite, les deux premières lignes restent toujours visibles, permettant d'identifier facilement le contenu des différentes colonnes lors d'un défilement de la liste vers le bas. Si vous fractionnez les colonnes à droite de la colonne B, l'année et les noms des produits, qui constituent les en-têtes de ligne restent visibles à l'écran, même si vous faites défiler le tableau vers la gauche.

La Figure 6.5 montre le résultat de ce fractionnement après avoir figé les volets. Procédez comme suit pour figer des volets (après avoir fractionné la fenêtre en quatre volets) :

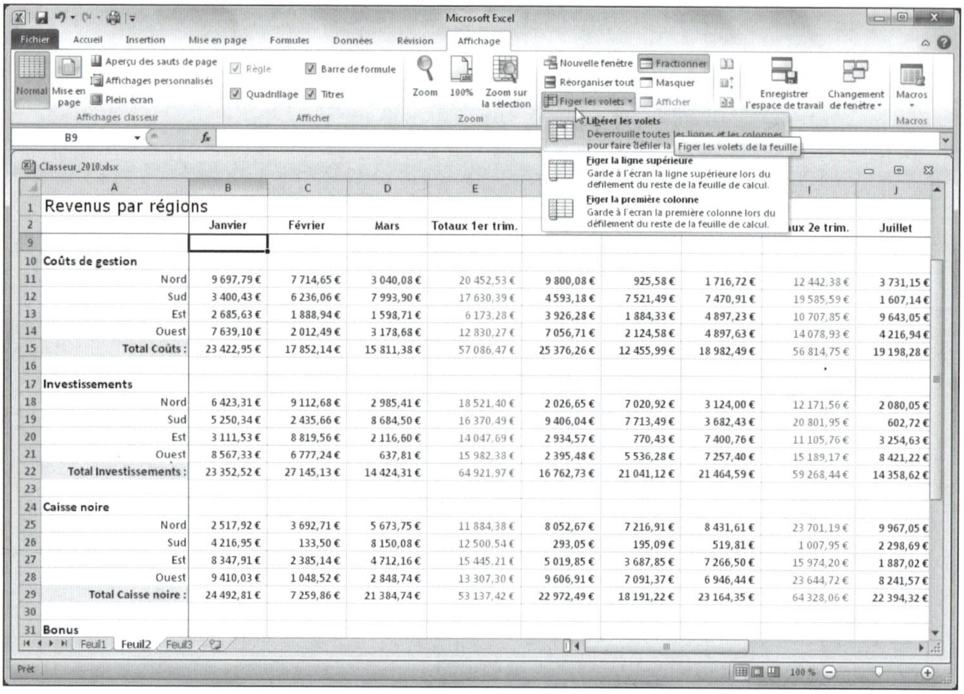

Figure 6.5 : Les volets figés immobilisent les deux premières lignes et les deux premières colonnes, qui contiennent les en-têtes des colonnes et des lignes.

1. **Sélectionnez la cellule qui se trouve juste au-dessous et à droite du point d'intersection des barres de fractionnement que vous voulez créer, et cliquez sur le bouton Fractionner dans l'onglet Affichage.**

2. **Dans le groupe Fenêtre de l'onglet Affichage, cliquez sur le bouton Figer les volets, et sélectionnez Figer les volets, dans le menu qui apparaît.**

Quand Excel fige les volets, les barres de fractionnement se transforment en traits fins.

Voyez dans la Figure 6.6 ce qui se produit lors d'un défilement vers le bas de la feuille de calcul, lorsque les volets sont figés. Dans cet exemple, j'ai fait défiler le contenu du tableau vers le bas et vers la droite.

Voyez dans la Figure 6.7 ce qui se passe lorsque le défilement de la feuille de calcul s'effectue vers la gauche. Comme les volets sont figés, les deux premières colonnes n'ont pas bougé, ce qui permet d'avoir toujours les en-têtes de ligne à l'affichage.

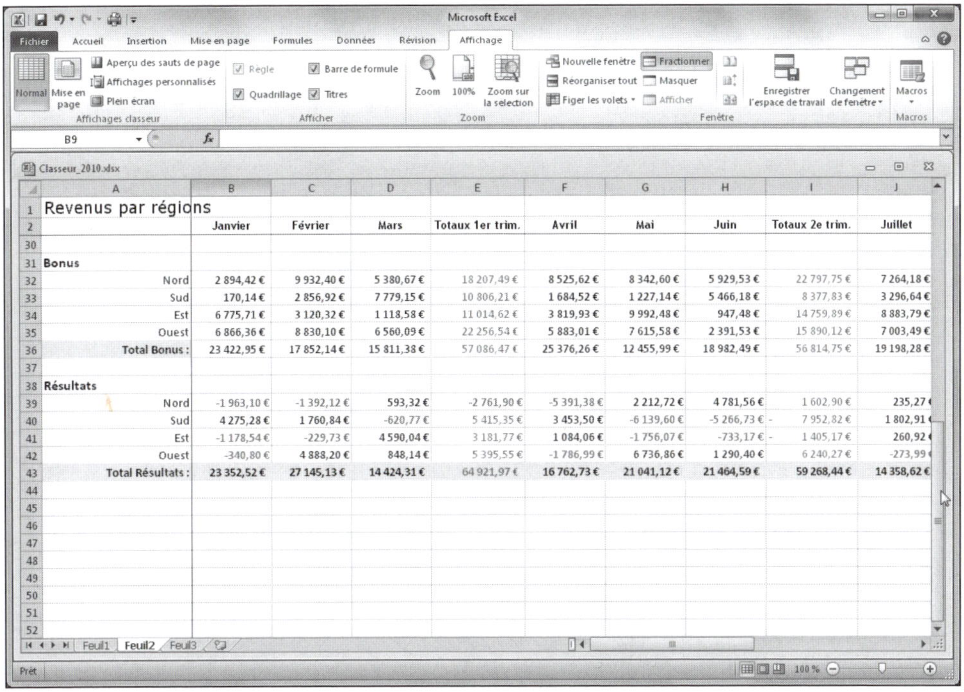

Figure 6.6 : Quand les volets sont figés, les en-têtes de ligne restent parfaitement cohérents avec le contenu du tableau lorsqu'on le fait défiler verticalement.

> Pour figer uniquement la première ligne ou la première colonne de la feuille de calcul, quel que soit l'emplacement du curseur de cellule dans la feuille de calcul, cliquez sur Figer les volets dans l'onglet Affichage, et sélectionnez Figer la ligne supérieure ou Figer la première colonne dans le menu qui apparaît.

Pour que les volets d'une feuille de calcul ne soient plus figés, cliquez sur Figer les volets dans l'onglet Affichage, et sélectionnez Libérer les volets dans le menu qui apparaît. Les traits fins sont remplacés par d'épaisses barres, indiquant que les volets ne sont plus figés.

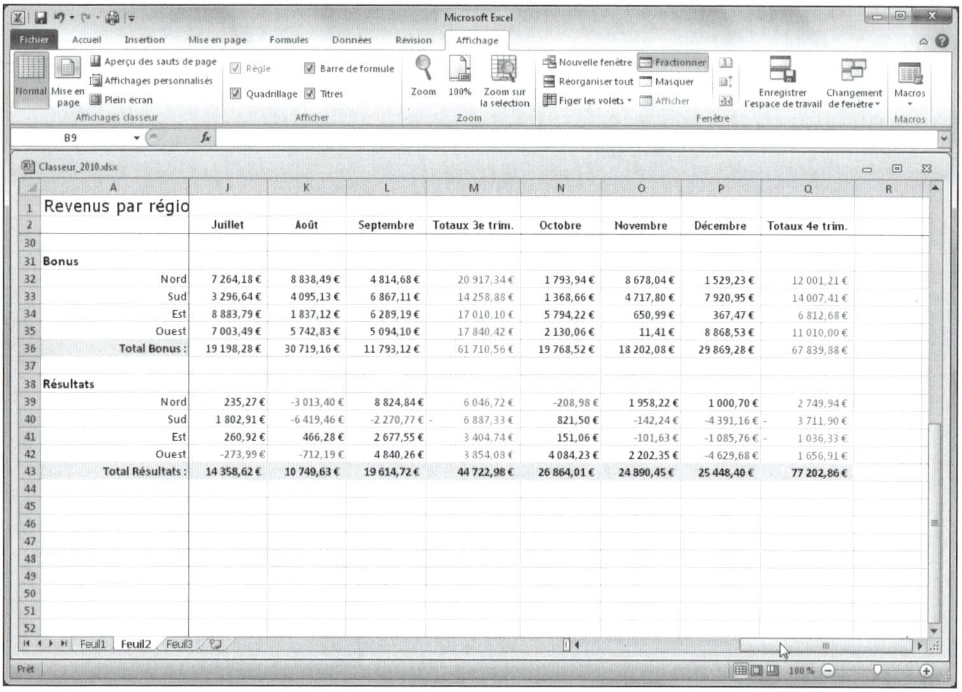

Figure 6.7 : Quand les volets sont figés, les en-têtes de colonne restent parfaitement cohérents avec le contenu du tableau lorsqu'on le fait défiler horizontalement.

Les notes électroniques

Dans Excel, des commentaires peuvent être ajoutés à des cellules. Les *commentaires* sont des sortes de petites notes qui ressemblent aux Post-it autocollants. Elles permettent d'insérer des pense-bêtes pour rappeler, par exemple, que telle ou telle valeur n'est qu'une estimation, ou qu'il faut vérifier une valeur avant d'imprimer la feuille, voire une date d'anniversaire dont l'oubli ne serait pas du tout apprécié.

En plus de rappeler une tâche à effectuer, un commentaire peut être utilisé comme repère visuel pour signaler un emplacement dans une vaste feuille de calcul, et le retrouver facilement la prochaine fois que vous l'ouvrirez.

Ajouter un commentaire à une cellule

Procédez comme suit pour ajouter un commentaire à une cellule :

1. **Sélectionnez la cellule qui doit recevoir le commentaire.**

2. **Dans le groupe Commentaires de l'onglet Révision, cliquez sur le bouton Nouveau commentaire.**

   Une nouvelle zone de texte apparaît, semblable à celle visible Figure 6.8. Elle contient le nom de l'utilisateur de l'onglet Standard de la boîte de dialogue Options Excel. La barre d'insertion clignote au début de la ligne qui suit le nom.

3. **Tapez le texte du commentaire.**

4. **Cliquez hors de la zone de texte.**

   Excel signale que la cellule comporte un commentaire en plaçant un petit triangle rouge dans le coin supérieur droit.

5. **Pour afficher un commentaire, il suffit de placer le pointeur en forme d'épaisse croix blanche au-dessus de la cellule correspondante.**

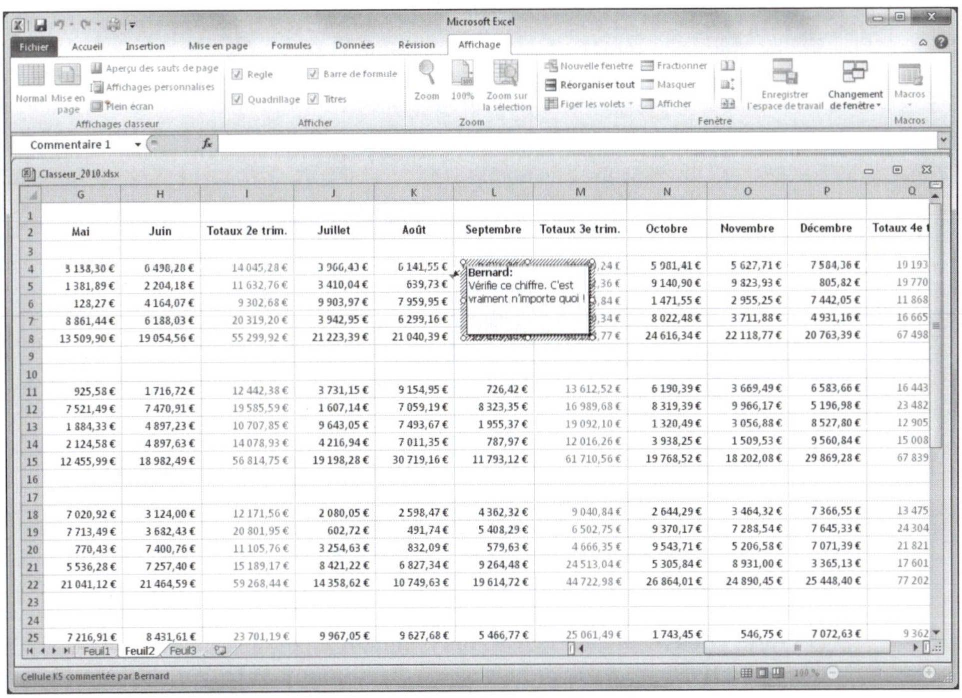

Figure 6.8 : Ajout d'un commentaire à une cellule.

Réviser les commentaires

Lorsqu'un classeur contient un grand nombre de commentaires, vous ne voudrez sans doute pas promener le pointeur de la souris au-dessus de chacun d'eux pour les lire tour à tour. Il est beaucoup plus commode de cliquer sur le bouton Afficher tous les commentaires dans le groupe Commentaires de l'onglet Révision (Figure 6.9). Excel affiche alors tous les commentaires des cellules visibles dans la fenêtre (et continue à afficher les autres commentaires si vous faites défiler le contenu de la fenêtre, ou même si vous sélectionnez une autre feuille du classeur).

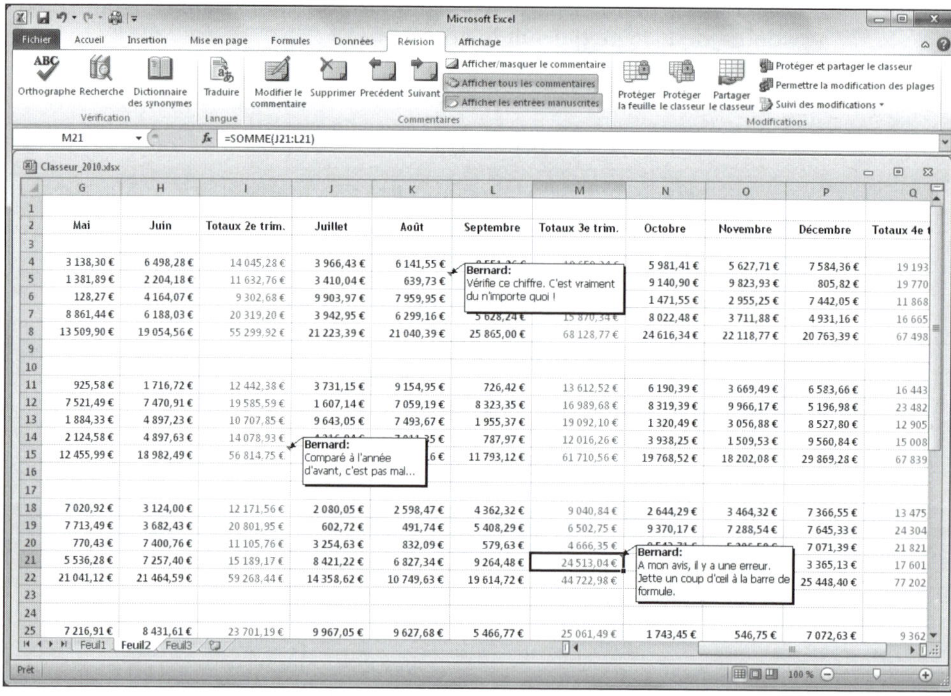

Figure 6.9 : Le bouton Afficher tous les commentaires montre tous les commentaires des cellules visibles dans la fenêtre.

Lorsque c'est l'onglet Révision du Ruban qui est au premier plan, il est possible de passer d'un commentaire à un autre en cliquant sur les boutons Suivant et Précédent dans le groupe Commentaires de cet onglet. Dès que vous atteignez le dernier commentaire d'un classeur, une boîte d'alerte demande s'il faut poursuivre la révision des commentaires depuis le début (ce que vous pouvez accepter en cliquant sur OK). Lorsque vous avez affiché tous les commentaires, il vous suffit pour les masquer après les avoir tous révisés de cliquer à nouveau sur le bouton Afficher tous les commentaires.

Modifier les commentaires

Pour modifier un commentaire, vous devez commencer par l'afficher et y placer le curseur d'insertion. Pour l'afficher, vous disposez des différents moyens que nous venons de voir (le plus simple étant de cliquer sur la cellule correspondante, puis sur le bouton Afficher/masquer le commentaire dans l'onglet Révision), après quoi il vous suffit de cliquer dedans pour y placer le curseur d'insertion. Mais il existe un moyen plus simple : cliquez du bouton droit sur la cellule du commentaire, et sélectionnez Modifier le commentaire dans le menu qui apparaît.

Pour supprimer un commentaire, sélectionnez la cellule qui le contient et cliquez sur le bouton Effacer le commentaire dans le groupe Commentaires de l'onglet Révision. Excel supprime le commentaire ainsi que l'indicateur rouge dans le coin de la cellule.

Vous pouvez aussi supprimer tous les commentaires : cliquez sur le bouton Effacer (la gomme) du groupe Édition de l'onglet Accueil, et sélectionnez Effacer les commentaires dans le menu qui apparaît.

Les cellules nommées

En attribuant des noms évocateurs aux cellules et aux plages, vous faciliterez considérablement l'accès aux informations importantes de la feuille de calcul. Plutôt que d'essayer d'associer des informations à des coordonnées abstraites, vous leur donnerez un nom. En nommant une plage, vous nommerez du même coup une sélection de cellules que vous pourrez imprimer ou importer dans d'autres logiciels Office comme Word ou Access. En outre, ce qui est très commode, vous pourrez utiliser les noms de cellules avec la commande Atteindre.

Ah ! Si j'avais un nom...

Lorsque vous attribuez un nom à des cellules ou à des plages, vous devez respecter les règles suivantes :

- **Les noms de plages de cellules doivent commencer par une lettre, jamais par un chiffre.**

  Par exemple, au lieu de 01Profits, utilisez Profits01.

- **Un nom ne peut pas contenir d'espaces.**

  Au lieu de l'espace, utilisez le caractère de soulignement (celui de la touche 8 du clavier alphanumérique, en minuscule) pour séparer des mots. Exemple : au lieu de Profit 01, utilisez Profit_01 (*NdT* : les caractères accentués et la cédille sont utilisables).

- **Des coordonnées de cellule ne peuvent jamais être utilisées comme noms.**

  Une cellule ne peut pas être nommée T1, car cette formulation est celle d'une référence de cellule valide. Utilisez plutôt T1_ventes, par exemple.

Pour nommer une cellule ou une plage de cellules, suivez ces étapes :

1. **Sélectionnez la cellule ou la plage à nommer.**

2. **Cliquez sur l'adresse de la cellule courante qui apparaît dans la Zone Nom, à l'extrémité gauche de la Barre de formule.**

   Excel sélectionne l'adresse de la cellule dans la Zone Nom.

3. **Tapez le nom que vous voulez donner à la cellule ou à la plage sélectionnée.**

   Veillez à bien respecter les règles de nom que nous venons de stipuler.

4. **Appuyez sur Entrée.**

Pour sélectionner une cellule ou une plage nommée, cliquez sur son nom dans la liste déroulante de la Zone Nom (pour faire apparaître cette liste, cliquez sur le triangle pointant vers le bas à l'extrémité droite de la Zone Nom).

Notez que vous pouvez aussi, dans l'onglet Accueil, cliquer sur le bouton Rechercher et sélectionner, sélectionner Atteindre dans le menu qui apparaît, activer la plage de cellules nommée que vous voulez atteindre dans la boîte de dialogue Atteindre (Figure 6.10), et enfin cliquer sur OK. Pour faire apparaître la boîte de dialogue Atteindre, vous pouvez aussi appuyer sur la touche F5.

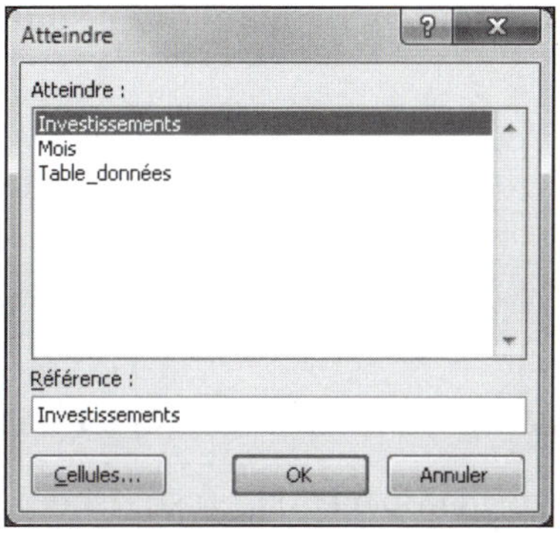

Figure 6.10 : Sélection d'une cellule ou d'une plage de la feuille de calcul.

Nommez cette formule !

Les noms de cellules sont non seulement commodes pour identifier et localiser des cellules et des plages dans une feuille de calcul, mais ils sont aussi très utiles pour manipuler des formules. Supposons que la cellule K3 contienne une formule simple qui calcule ce qui vous est dû en multipliant vos heures de travail pour un client (dans la cellule I3) par votre rémunération horaire (dans la cellule J3). Vous taperez normalement cette formule dans la cellule K3 sous la forme :

```
=I3*J3
```

Mais si vous attribuez le nom *Heures* à la cellule I3 et le nom *Tarif_horaire* à la cellule J3, la formule se présentera dans la cellule K3 sous la forme :

```
=Heures*Tarif_horaire
```

Il va de soi que pour tout le monde cette formulation est bien plus compréhensible que =I3*J3.

Pour entrer une formule contenant des noms de cellules plutôt que des références de cellules, vous procéderez comme suit :

1. **Nommez les cellules comme nous venons de l'indiquer.**

   Pour cet exemple, vous nommerez la cellule I3 **Heures** et la cellule J3 **Tarif_horaire**.

2. **Placez le curseur de cellule sur la cellule qui recevra la formule.**

   Il s'agit en l'occurrence de la cellule K3.

3. **Tapez le signe = (égal) pour indiquer à Excel que ce qui suit est une formule.**

4. **Sélectionnez la première cellule à laquelle la formule se réfère en cliquant dessus (ou en déplaçant le curseur de cellule jusqu'à son emplacement).**

   Dans cet exemple, vous sélectionnez Heures en sélectionnant la cellule I3.

5. **Tapez l'opérateur arithmétique à utiliser dans la formule.**

   Il s'agit ici de l'opérateur de multiplication * (astérisque). Reportez-vous au Chapitre 2 pour connaître les autres opérateurs arithmétiques d'Excel.

6. **Sélectionnez la deuxième cellule à laquelle la formule se réfère. Procédez comme à l'Étape 4.**

   Il s'agit de la cellule Tarif_horaire, soit la cellule J3.

7. **Cliquez sur le bouton Entrer dans la Barre de formule ou appuyez sur la touche Entrée pour terminer la formule.**

   Excel affiche la formule de la cellule K3, soit =Heures*Tarif_horaire.

Qui cherche trouve

Si vous n'arrivez vraiment pas à localiser une information spécifique, vous pouvez demander à la fonction Rechercher d'Excel de la trouver pour vous. Dans l'onglet Accueil, cliquez sur le bouton Rechercher et sélectionner, et sélectionnez Rechercher dans le menu qui apparaît.

Dans le champ Rechercher (de l'onglet Rechercher) de la boîte de dialogue Rechercher et remplacer qui apparaît, entrez le texte ou la valeur que vous recherchez, et cliquez sur le bouton Suivant ou appuyez sur Entrée pour lancer la recherche. Si vous voulez spécifier des critères de recherche supplémentaires, cliquez sur le bouton Options dans cette boîte de dialogue pour faire apparaître les options correspondantes (comme le montre la Figure 6.11).

Lorsque vous recherchez une entrée de texte avec la fonction Rechercher et remplacer, demandez-vous toujours si ce texte ou ce chiffre est seul dans sa cellule ou s'il est une partie d'un terme ou d'une valeur. Par exemple, si vous lancez une recherche sur les caractères **CA** et n'avez pas coché la case Totalité du contenu de la cellule (voir Figure 6.11), Excel trouvera les occurrences de CA dans « Canada », « sarbacane », « canettes », « décalé » et ainsi de suite.

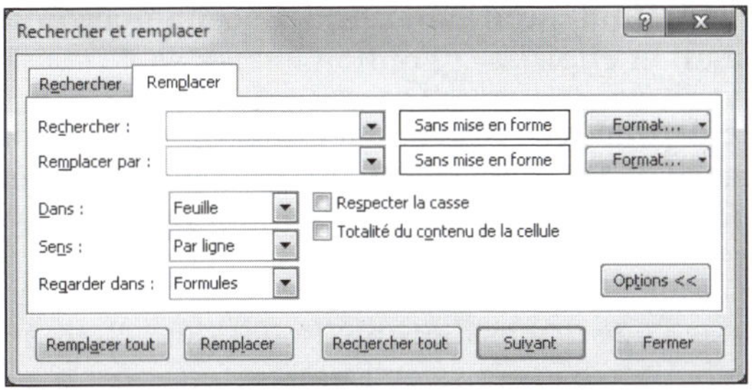

Figure 6.11 : Utiliser les commandes de la boîte de dialogue Rechercher et remplacer pour localiser une entrée.

Si vous cochez la case Totalité du contenu de la cellule, Excel ne retournera que les occurrences où le mot CA est seul dans la cellule.

Lorsque vous effectuez une recherche sur du texte, vous pouvez spécifier si Excel doit différencier ou non les majuscules et les minuscules. Par défaut, Excel ne tient pas compte de la casse des caractères. Pour qu'il fasse la différence, vous devez cocher la case Respecter la casse (visible après avoir cliqué sur le bouton Options de la boîte de dialogue Rechercher et remplacer).

Si les textes ou les valeurs recherchés ont reçu une mise en forme particulière, vous pouvez demander à Excel d'en tenir compte.

Procédez comme suit pour qu'Excel recherche une mise en forme particulière dans la feuille de calcul :

1. **Cliquez sur le bouton déroulant à droite du bouton Format, dans la boîte de dialogue Rechercher et remplacer, et choisissez l'option Choisir le format à partir de la cellule.**

   La boîte de dialogue Rechercher et remplacer disparaît temporairement. Excel ajoute une pipette au pointeur de souris normal.

2. **Cliquez avec le pointeur dans la cellule contenant la mise en forme à respecter.**

   La boîte de dialogue Rechercher et remplacer réapparaît après avoir prélevé la mise en forme.

Procédez comme suit pour sélectionner la mise en forme à respecter en utilisant la boîte de dialogue Rechercher le format (qui est identique à la boîte de dialogue Format de la cellule) :

1. **Cliquez sur le bouton Format ou cliquez sur le bouton de son menu déroulant et choisissez l'option Format.**

2. **Dans la boîte de dialogue Rechercher le format qui apparaît, sélectionnez dans les différents onglets les options de mise en forme à respecter (elles sont décrites dans le Chapitre 3), puis cliquez sur OK.**

Quand vous utilisez l'une de ces deux méthodes de recherche d'une mise en forme, le bouton Sans mise en forme, situé entre la zone de texte Rechercher et le bouton Format, se transforme en aperçu (ce mot y figure au centre) qui montre toutes les options de mise en forme prélevées dans une cellule ou définies dans la boîte de dialogue Rechercher le format.

Si vous recherchez des valeurs dans la feuille de calcul, faites bien attention aux différences entre les formules et les valeurs. Par exemple, si une cellule contient la valeur 3 582 € et si vous tapez **3582** dans le champ Rechercher suivi de l'appui sur Entrée, Excel affiche une boîte d'alerte contenant le message suivant :

```
Microsoft Office Excel ne trouve pas les données que vous
recherchez.
```

Un examen attentif révélera sans aucun doute que la valeur qui apparaît dans la cellule est en réalité calculée par une formule telle que :

```
=I24*J24
```

En fait, le nombre 3582 ne figure nulle part en tant que tel. Pour qu'Excel puisse localiser n'importe quel type de valeur 3582 dans la feuille de calcul, vous devez remplacer l'option Formules, dans la liste déroulante du champ Regarder dans, par l'option Valeurs.

Pour restreindre la recherche uniquement à du texte ou à des valeurs contenues dans des commentaires, choisissez l'option Commentaires dans la liste déroulante Regarder dans.

Si vous ne connaissez pas l'orthographe exacte d'un mot ou la valeur précise que vous recherchez, vous pouvez recourir aux *caractères de substitution* ; ils remplacent un ou plusieurs caractères. Utilisez le point d'interrogation (?) à la place d'un seul caractère inconnu, et l'astérisque (*) à la place d'un ou plusieurs caractères inconnus. Supposons que vous ayez entré ce qui suit dans le champ Rechercher, avec l'option Regarder dans Valeurs :

```
7*4
```

Dans cette formulation, qui n'est pas une multiplication (le signe = est absent), l'astérisque compte pour n'importe quel chiffre, qu'il y en ait un seul ou plusieurs. De ce fait, Excel s'arrête à toutes les cellules contenant des valeurs comme *74 704* (l'astérisque se substitue au zéro), *7 5234* (l'astérisque se substitue à la chaîne de caractères 523), et trouve même une occurrence comme *67856 Strasbourg cedex 04*.

Si vous effectuez une recherche dans laquelle l'astérisque est l'opérateur de multiplication et non un caractère de substitution, faites précéder la recherche par un tilde (~), comme ci-dessous :

```
~*4
```

Cet arrangement permet de trouver dans la feuille de calcul toutes les formules comportant une multiplication par quatre.

L'entrée qui suit recherche toutes les occurrences de *Jan, Janvier.* (*NdT* : le point d'interrogation est un caractère de substitution qui remplace un seul caractère, à cet emplacement précis, et non plusieurs caractères comme le fait l'astérisque.)

```
J?n*
```

Normalement, Excel n'effectue la recherche que dans la feuille de calcul courante. Pour qu'elle s'effectue dans toutes les feuilles du classeur, vous devez sélectionner l'option Classeur (dans la liste déroulante Dans).

Quand Excel a trouvé une occurrence du texte ou de la valeur dans une cellule, il sélectionne cette cellule tout en laissant la boîte de dialogue Rechercher et remplacer visible à l'écran (vous pouvez la déplacer si elle occulte les cellules qui vous intéressent). Pour rechercher la prochaine occurrence du texte ou de la valeur, cliquez sur le bouton Suivant ou appuyez sur Entrée.

Par défaut, Excel effectue la recherche dans la feuille de calcul ligne par ligne. Pour que la recherche se fasse par colonne, sélectionnez Par colonne dans la liste déroulante Sens. Pour inverser la direction de la recherche et revenir à une occurrence précédente des caractères recherchés, maintenez enfoncée la touche Maj tout en cliquant sur le bouton Suivant.

Nul n'est irremplaçable

Si vous effectuez une recherche pour remplacer une entrée par une autre, vous pouvez automatiser cette opération grâce à l'onglet Remplacer de la boîte de dialogue Rechercher et remplacer. Si, dans l'onglet Accueil, vous sélectionnez Remplacer au lieu de Rechercher dans le menu du bouton Rechercher et sélectionner, ou si vous appuyez sur Ctrl + H, Excel ouvre la boîte de dialogue Rechercher et remplacer directement sous l'onglet Remplacer. Tapez le texte ou la valeur à remplacer dans le champ Rechercher, puis entrez le texte ou la valeur à lui substituer dans le champ Remplacer par.

Quand vous entrez un texte de remplacement, tapez-le exactement tel qu'il doit apparaître dans la cellule. Autrement dit, si vous voulez remplacer toutes les occurrences de *Jan* par *Janvier*, tapez dans la zone de texte Remplacer par :

```
Janvier
```

Veillez à bien mettre le J en majuscule dans le champ Remplacer par. En revanche, comme la recherche de texte ne tient pas compte des majuscules et des minuscules (à condition de n'avoir pas coché la case Respecter la casse, qui n'apparaît qu'après avoir cliqué sur le bouton Options pour déployer les commandes supplémentaires de la boîte de dialogue), vous pouvez très bien entrer ceci dans le champ Rechercher :

```
jan
```

Après avoir spécifié ce qu'il faut remplacer et par quoi, comme dans la Figure 6.12, vous pouvez demander à Excel d'effectuer les remplacements au cas par cas ou globalement. Pour procéder à tous les remplacements en une seule opération, cliquez sur le bouton Remplacer tout.

Soyez très prudent quand vous effectuez un rechercher/remplacer global, car lancée inconsidérément, cette commande peut engendrer une énorme pagaille en remplaçant des parties de titres, de formules ou d'autres éléments que vous n'aviez pas du tout l'intention de modifier. Cela dit, respectez toujours cette règle d'or :

- N'entreprenez jamais un rechercher/remplacer sur une feuille sans l'avoir préalablement enregistrée.

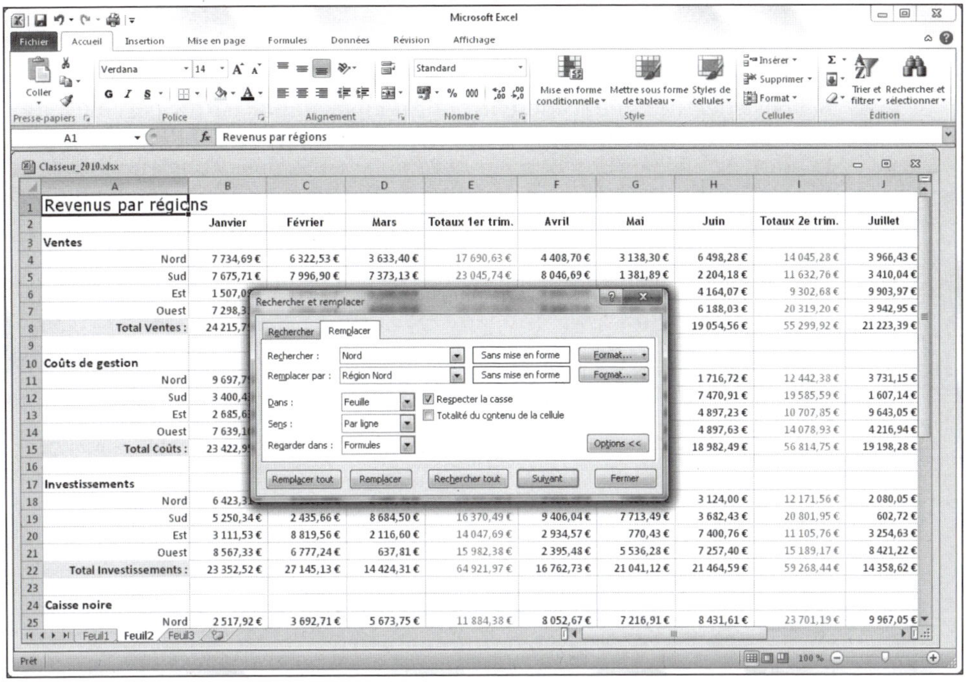

Figure 6.12 : Les options de l'onglet Remplacer servent à substituer des textes ou des valeurs.

Avant de commencer, assurez-vous aussi que la case Totalité du contenu de la cellule est cochée (elle n'est visible qu'après avoir cliqué sur le bouton Options). Si elle n'était pas cochée alors que vous comptez remplacer le contenu entier des cellules, et non une partie, vous risqueriez de vous retrouver avec bon nombre de remplacements indésirables.

Si vous avez néanmoins fait une fausse manœuvre et semé la pagaille, cliquez sur le bouton Annuler dans la barre d'outils Accès rapide ou appuyez sur Ctrl + Z.

Pour voir chaque occurrence avant de la remplacer, cliquez sur le bouton Suivant ou appuyez sur Entrée. Excel sélectionne la prochaine cellule dont le contenu correspond à ce qui a été entré dans la zone de texte Rechercher ; pour procéder au remplacement, cliquez sur le bouton Remplacer. Pour sauter l'occurrence, cliquez sur le bouton Suivant afin de poursuivre la recherche. Lorsque les opérations sont terminées, cliquez sur le bouton Fermer pour quitter la boîte de dialogue Rechercher et remplacer.

L'art subtil des graphiques

Chapitre 7

Dans ce chapitre :

- Créer des graphiques bien présentés en quelques clics.
- Personnaliser un graphique à l'aide des outils d'Excel 2010.
- Représenter les données visuellement par des graphiques sparklines.

Comme le disait Confucius, « une image vaut mille mots » (ou, dans notre cas, mille chiffres). Dans un tableur, les graphiques augmentent non seulement l'intérêt pour des chiffres dont la lecture serait autrement fort ennuyeuse, mais ils mettent aussi en évidence des anomalies qui passeraient inaperçues si l'on ne regardait que des séries de valeurs. La création de graphiques est si facile dans Excel 2010 que vous pourrez aisément en essayer plusieurs et choisir celui qui illustre le plus efficacement vos données (en d'autres termes, l'image qui raconte le mieux votre histoire singulière).

Créer des graphiques d'aspect professionnel

Quelques mots encore sur les graphiques avant de découvrir comment les réaliser dans Excel. Vous vous rappelez les efforts méritoires que faisait votre professeur de mathématiques pour vous apprendre à tracer des graphes en traçant des valeurs sur les axes *x* et *y* d'une feuille de papier millimétré ? Évidemment, vous aviez l'esprit ailleurs à ce moment-là. De toute façon, vous vous demandiez bien en quoi ces graphiques pourraient vous être utiles plus tard, dans votre vie professionnelle.

Eh bien, nous y voilà ! Il est vrai qu'Excel automatise la quasi-totalité du processus de création des graphiques. Mais vous ne pouvez vous dispenser de savoir ce qui différencie un axe *x* d'un axe *y*, ne serait-ce qu'au cas où Excel n'orienterait pas le graphique comme prévu. Afin de rafraîchir votre mémoire et de faire plaisir à votre vieux prof de maths, sachez que l'axe *x* est horizontal, et usuellement situé en bas du graphique, alors que l'axe *y* est vertical et ordinairement situé à gauche du graphique.

Dans la plupart des graphiques basés sur ces deux axes, Excel place les catégories le long de l'axe *x*, en bas du tracé, et leurs valeurs relatives le long de l'axe *y*, à gauche. L'axe *x* est parfois appelé *axe de temps*, car il est souvent utilisé pour indiquer des durées comme les mois, les trimestres, les années, *etc*.

Encore un point à ne pas oublier : les valeurs de la feuille de calcul qui sont représentées dans un graphique sont liées à celui-ci de façon dynamique. Autrement dit, toute modification apportée à l'une de ces valeurs sera immédiatement répercutée dans le graphique.

Créer un nouveau graphique

Excel simplifie autant que faire se peut le processus de création d'un nouveau graphique dans une feuille de calcul :

1. **Cliquez sur une des cellules de la table de données à représenter graphiquement. Si vous voulez ne prendre en compte qu'une partie de la table, sélectionnez uniquement la plage de données qui vous intéresse (sans oublier les en-têtes).**

   Si vous constatez qu'Excel sélectionne trop (ou trop peu) de données dans la table, vous pourrez toujours par la suite utiliser le bouton Sélectionner des données sous l'onglet Création (nous y reviendrons plus loin dans ce chapitre). Corrigez alors la plage à représenter dans la boîte de dialogue Sélectionner la source de données.

2. **Dans l'onglet Insertion du Ruban, cliquez dans le groupe Graphiques sur le bouton qui correspond au type de diagramme que vous voulez réaliser : Colonne, Ligne, Secteurs, Barres, Aires,**

Nuages de points ou Autres graphiques (Stock, Surface, Anneaux, Bulles ou encore Radar).

Excel va afficher une liste déroulante dans laquelle des vignettes illustrent chaque style disponible pour le type de graphique sélectionné.

3. **Cliquez sur la vignette du style de graphique désiré.**

   Vous avez le choix entre des graphiques 3D, cylindriques, coniques, pyramidaux, surfaciques, en anneaux, à bulles ou radar, pour n'en nommer que quelques-uns.

Dès que vous cliquez sur l'une des vignettes proposées dans la galerie de styles, Excel crée un diagramme flottant (ou incorporé) sur la même feuille de calcul que les données qu'il représente graphiquement.

La Figure 7.1 montre un très classique histogramme en deux dimensions. Je l'ai obtenu en suivant la procédure qui vient d'être indiquée. Comme mon but est de représenter graphiquement les ventes du premier trimestre de l'année 2010 (sans les totaux), j'ai d'abord sélectionné la plage A2:D9. J'ai ensuite cliqué sur Insertion, puis sur le bouton Colonne, et enfin sur Histogramme groupé (le premier choix de la palette).

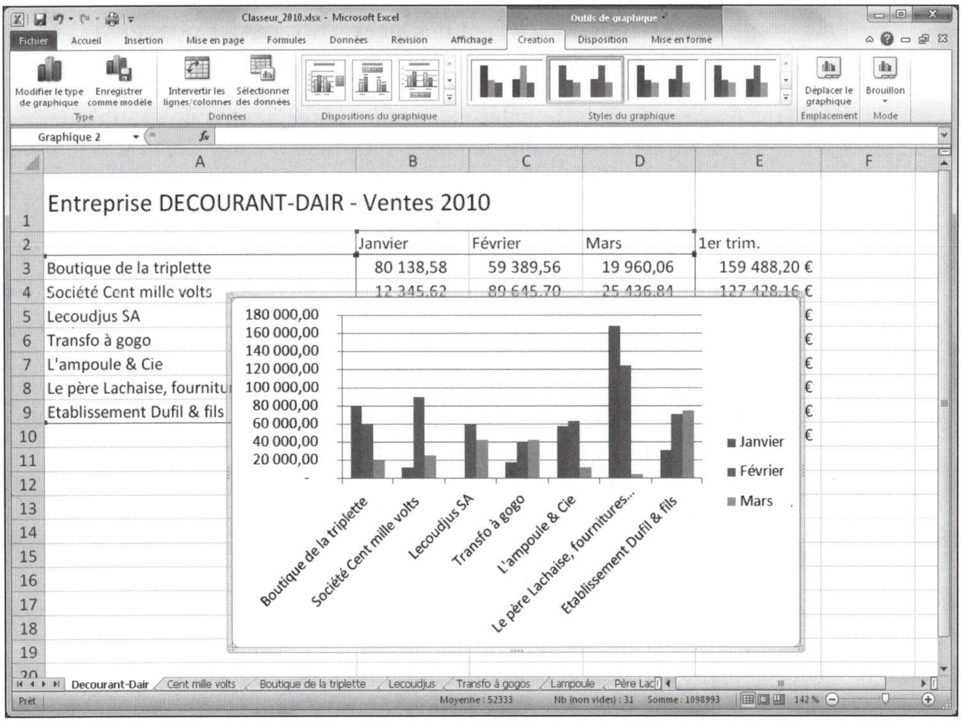

Figure 7.1 : Un histogramme incorporé vient d'être créé dans la feuille de calcul.

Graphiques instantanés

Si vous n'avez pas le temps de parcourir les boutons du Ruban, contentez-vous de placer le curseur dans une cellule de la table de données, ou de sélectionner la bonne plage. Appuyez ensuite sur F11. Excel créera directement un graphique dans une feuille (Graph1) placée tout au début du classeur. Par défaut, il lui attribuera le même type et le même style que sur la Figure 7.1. Vous pourrez ensuite personnaliser le résultat à votre convenance (voyez la suite de ce chapitre).

Déplacer et redimensionner un graphique incorporé dans une feuille

Un graphique venant tout juste d'être créé peut facilement être déplacé ou redimensionné, car il est encore sélectionné. Vous pouvez savoir si un objet – diagramme ou autre graphisme – est sélectionné, grâce au cadre doté de *poignées* (des carrés aux coins et au milieu des côtés de l'objet) qui l'entoure.

Le graphique sélectionné (il l'est dès sa création), vous pouvez voir en haut de la fenêtre un onglet intitulé Outils de graphique. Il comprend trois sous-onglets : Création, Disposition et Mise en forme. Vous remarquerez également que les valeurs sources des éléments du graphique sont signalées dans la feuille de calcul par un ensemble de cadres colorés comportant de petits carrés dans leurs coins.

Lorsqu'un graphique incorporé est actif, vous pouvez facilement le déplacer ou le redimensionner :

- Pour déplacer le graphique, placez le pointeur de la souris quelque part au-dessus du fond (là où apparaît une croix) et faites glisser l'objet vers un nouvel emplacement.
- Pour redimensionner le graphique (par exemple parce qu'il semble déformé), placez le pointeur de la souris au-dessus de l'une de ses poignées (il doit alors afficher une flèche à deux têtes). Cliquez et faites glisser afin d'agrandir ou rétrécir le graphique. Le résultat dépend bien sûr de la poignée active et du sens de votre mouvement.

  Appuyer en même temps sur la touche Majuscule préserve les proportions du graphique. En appuyant sur la touche Ctrl, le changement d'échelle s'effectue autour du centre du graphique. Avec la touche Alt, vous le forcez à s'ajuster aux cellules environnantes. Ces trois touches sont utilisables simultanément.

Le graphique en place et dimensionné, il suffit de cliquer sur une cellule de la feuille pour désélectionner. L'onglet contextuel Outils de graphique disparaît aussitôt du Ruban.

Pour sélectionner de nouveau un graphique, cliquez n'importe où dessus. L'onglet contextuel Outils de graphique et toutes ses options réapparaît.

Déplacer un graphique incorporé vers sa propre feuille

Par défaut, Excel incorpore un nouveau graphique sur la même feuille que les données représentées (à moins d'appuyer sur la touche F11). Mais il est souvent plus facile de travailler avec un graphique autonome, c'est-à-dire placé dans sa propre feuille. Voyons comment obtenir ce résultat :

1. **Cliquez sur le bouton Déplacer le graphique, à droite de l'onglet Création des outils graphiques. La boîte de dialogue Déplacer le graphique apparaît.**

   Si le Ruban n'affiche pas la bonne série de commandes, cliquez quelque part sur le fond du graphique pour le sélectionner et faire apparaître les onglets correspondants.

2. **Cliquez sur l'option Nouvelle feuille de la boîte de dialogue Déplacer le graphique.**

3. **(Facultatif) Changez dans le champ Nouvelle feuille le nom générique (Graph2) en un intitulé plus évocateur.**

4. **Cliquez sur OK pour refermer la boîte de dialogue et afficher le graphique dans sa propre feuille.**

Après avoir personnalisé un graphique placé dans une feuille spécifique, vous pouvez décider de le renvoyer vers la série de données qu'il représente. Dans ce cas, cliquez de nouveau sur le bouton Déplacer le graphique. Activez cette fois l'option Objet dans. Sélectionnez alors le nom de la feuille de destination dans la liste déroulante associée. Validez.

Personnaliser le type et le style du graphique

Les boutons de l'onglet Création (sous l'onglet contextuel Outils de graphique) peuvent être utilisés pour personnaliser l'aspect de votre nouveau graphique. Cet onglet contient plusieurs groupes de commandes :

- **Type :** La commande Modifier le type de graphique affiche une boîte de dialogue qui propose tous les types disponibles sous Excel. Le bouton Enregistrer comme modèle permet de sauvegarder dans un fichier tous les paramètres définissant le style du graphique. De cette manière, vous aurez par la suite la possibilité de reproduire directement l'aspect que vous avez donné à un graphique afin par exemple d'uniformiser vos présentations.
- **Données :** Le bouton Intervertir les lignes/colonnes échange immédiatement les données utilisées dans le graphique pour représenter respectivement les séries (légendes) et les catégories (axe *x*). Avec la commande Sélectionner les données, vous pouvez non seulement redéfinir totalement les séries et les catégories, mais aussi les intervertir ou encore spécifier une autre plage de données.
- **Dispositions du graphique :** Cliquez sur le bouton Disposition rapide pour afficher une galerie de mises en forme prédéfinies pour le type de graphique actuel. Cliquez simplement sur une vignette pour appliquer aussitôt cette mise en forme.
- **Styles du graphique :** Ce groupe affiche une liste de styles de présentation pour le type de graphique actif. Vous disposez sur la droite de la galerie de deux flèches de défilement, ainsi que d'un bouton Autres qui donne accès à l'ensemble des styles. Comme d'habitude, il suffit de cliquer sur une vignette pour appliquer immédiatement les réglages auxquels elle est associée.
- **Emplacement :** Cliquez sur ce bouton Déplacer le graphique pour le placer dans une nouvelle feuille de graphique ou dans une autre feuille de calcul.
- **Mode :** Cliquez sur le bouton Brouillon puis sélectionnez l'option Mode brouillon ou Mode normal, selon la qualité d'impression que vous désirez appliquer au graphique.

Ni la disposition rapide ni les styles n'utilisent la fonction d'aperçu rapide (sans doute pour cause de charge de travail trop lourde). Vous devrez donc cliquer sur une vignette pour juger du résultat, et, le cas échéant, sur le bouton Annuler si la modification ne vous convient pas.

Pour le graphique de la Figure 7.2, j'ai choisi dans la palette Dispositions du graphique la vignette Mise en forme 9, puis la vignette Style 42 dans la galerie Styles du graphique. La première ajoute notamment des titres génériques au graphique, tandis que la seconde produit un effet de relief sur fond noir.

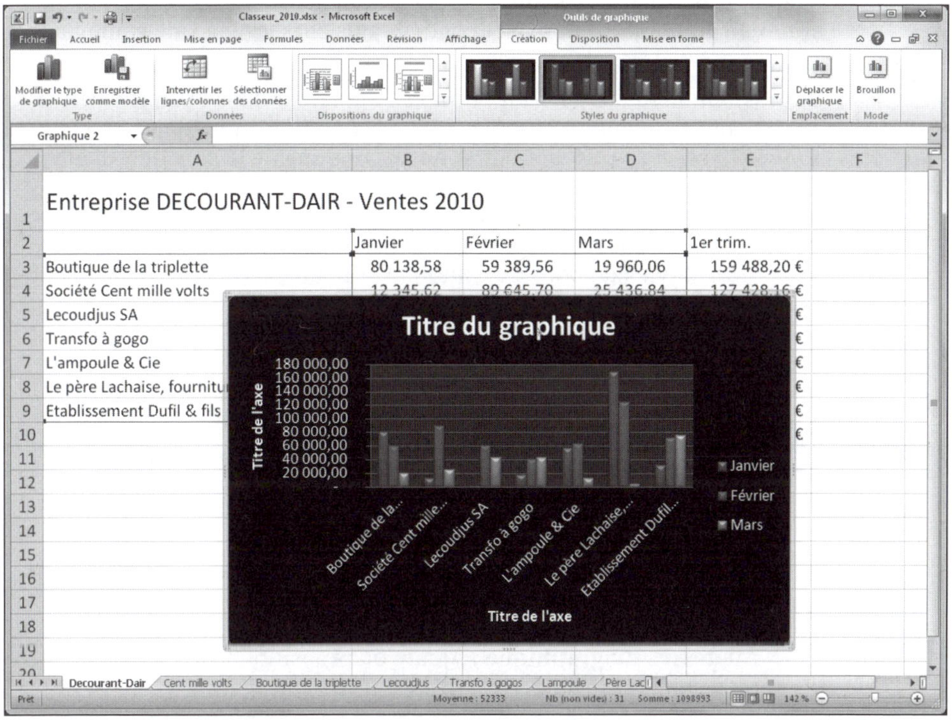

Figure 7.2 : Un histogramme après la personnalisation de la disposition et du style.

Personnaliser les éléments du graphique avec l'onglet Disposition

Les boutons de commandes de l'onglet Disposition (dans les outils du graphique) simplifient la personnalisation des éléments qui constituent votre graphique. Vous pouvez notamment :

- Repositionner des objets individuels, y compris la légende et les axes x et y, de même que les étiquettes de données. Il est aussi possible d'inclure ces données sous forme de tableau dans le graphique lui-même.

- Ajouter, supprimer et déplacer les divers titres, dont ceux qui sont associés aux axes.
- Modifier l'affichage de l'arrière-plan, y compris la zone de traçage pour les représentations 2D (c'est-à-dire la représentation graphique proprement dite) ou encore les parois, le plancher et la vue pour les graphiques en 3D.

Pour éditer un élément particulier à partir de l'onglet Disposition, cliquez sur le bouton voulu, puis sur l'option à appliquer dans le ou les menus déroulants correspondants. Si aucune des options prédéfinies ne vous convient, servez-vous du bouton Autres options de la liste déroulante afin d'ouvrir une boîte de dialogue qui vous donne accès à tous les réglages possibles de l'objet actif. Cette boîte de dialogue propose une série d'options parmi lesquelles vous trouverez Remplissage, Couleur de la bordure, Styles de bordure, Ombre, Format 3D ou encore Alignement.

Supposons par exemple que le style de graphique que vous avez choisi ne comporte pas de titre. Vous souhaitez en ajouter un (ou encore personnaliser voire déplacer un titre existant). Votre diagramme étant actif, il suffit de cliquer sur le bouton Titre du graphique de l'onglet Disposition pour afficher les options suivantes :

- **Aucun :** Supprimer le titre courant dans le graphique.
- **Titre de graphique superposé centré :** Ajoute ou repositionne le titre de manière qu'il apparaisse en haut et au centre de la zone de traçage.
- **Au-dessus du graphique :** Ajoute ou repositionne le titre de manière qu'il soit centré au-dessus de la zone de traçage.
- **Autres options de titre :** Ouvre la boîte de dialogue Mettre en forme le titre du graphique. Vous pouvez alors personnaliser l'apparence du titre à l'aide des options Remplissage, Couleur de la bordure, Styles de bordure, Ombre, Format 3D et Alignement.

Le groupe Propriétés, à droite du Ruban Disposition, contient uniquement un champ contenant le nom qu'Excel attribue par défaut à un graphique (Graphique 1, Graphique 2, et ainsi de suite). Vous pouvez le remplacer par un nom plus descriptif. Si la feuille ou le classeur contient plusieurs graphiques, des noms explicites faciliteront aussi bien leur identification que leur sélection.

Modifier les titres d'un graphique

Lorsque Excel ajoute des titres à un nouveau graphique, il leur donne un nom générique comme Titre du graphique ou Titre de l'axe (aussi bien pour les abscisses que pour les ordonnées). Pour remplacer ces intitulés peu parlants, cliquez à l'intérieur du graphique sur le titre voulu. Vous pouvez également, à partir de l'onglet contextuel Outils de graphique, choisir l'onglet Mise en forme, puis sélectionner dans la liste déroulante qui se trouve à la gauche du Ruban (dans le groupe Sélection active) l'un des objets Titre du graphique, Titre de l'axe horizontal (Catégorie) ou encore Titre de l'axe vertical (Valeur). Comme pour tout autre élément, Excel vous signale qu'un titre est sélectionné en l'entourant d'un cadre pourvu de poignées de redimensionnement.

Une fois le titre activé, vous n'avez plus qu'à cliquer dedans et à l'éditer comme vous le feriez pour une cellule quelconque. Il est aussi possible de remplacer totalement le texte en faisant un triple clic. Pour insérer une nouvelle ligne dans le titre, cliquez simplement à l'endroit où le saut doit intervenir, puis appuyez sur la touche Entrée.

Le titre modifié, cliquez n'importe où sur le graphique pour annuler la sélection (ou sur la feuille de calcul si vous voulez revenir à vos données).

Formater les éléments du graphique à partir de l'onglet Mise en forme

L'onglet Mise en forme des outils de graphique contient de nombreux boutons de commandes destinés à faciliter le formatage des éléments sélectionnés.

Excel propose plusieurs méthodes pour sélectionner des éléments individuels dans le graphique :

- Cliquez directement sur un objet (l'info-bulle qui apparaît à côté du pointeur de la souris vous renseigne sur sa nature).
- Sélectionnez le nom de l'objet dans la liste déroulante qui se trouve en haut du groupe Sélection active, à gauche du Ruban.

Une fois un objet activé, vous pouvez passer à l'élément précédent ou suivant du graphique en appuyant sur les touches Haut et Bas (groupe d'éléments suivant/précédent) ou bien sur Gauche et Droite (élément précédent/suivant à l'intérieur d'un groupe).

Vous reconnaissez l'élément sélectionné à la présence des poignées qui l'entourent. De plus, son nom apparaît dans la liste qui se trouve en haut et à gauche du Ruban, sous l'onglet Mise en forme.

Une fois un élément du graphique activé, vous disposez de diverses options de mise en forme. Vous pouvez ainsi :

- Sélectionner le bouton de commande approprié dans le groupe Styles de formes, ou encore cliquer dans le groupe Sélection active sur le bouton Mise en forme de la sélection. Cette méthode ouvre la boîte de dialogue Mise en forme associée au type de l'objet. Elle regroupe tous les réglages possibles. Choisissez vos options de mise en forme et validez.
- Déplacer l'élément dans le graphique en plaçant le pointeur de la souris dans le cadre correspondant. Lorsque l'icône à quatre branches apparaît, cliquez et faites glisser vers la destination voulue. Certains objets peuvent aussi être redimensionnés ou réorientés en faisant glisser leurs poignées.
- Effacer l'élément courant en appuyant sur la touche Suppr.

Tous les objets du graphique possèdent un menu contextuel. Si vous savez ce que vous voulez faire à l'instant où vous activez un élément, servez-vous du bouton droit de la souris pour, à la fois, sélectionner l'objet et ouvrir son menu contextuel. En procédant ainsi, vous gagnez donc un clic (c'est peu de chose, mais cela peut compter à la fin d'une rude journée de travail).

Formater les titres

Pour personnaliser vos titres, recourrez aux boutons de commandes de l'onglet Mise en forme (sous Outils du graphique). Pour mettre globalement en forme le champ de texte qui contient le titre, cliquez sur l'un des boutons suivants dans le groupe Styles de formes :

- **Style de forme :** Vous trouvez ici une galerie de vignettes qui propose des styles prédéfinis s'appliquant à la fois au texte et à son cadre.
- **Remplissage de forme :** Permet de choisir dans une liste déroulante une nouvelle couleur pour le cadre du titre.
- **Contour de forme :** Choisissez ici une nouvelle couleur pour le contour du cadre de texte.

- **Effets sur la forme :** Cette liste permet d'appliquer un effet au cadre du titre (Ombre, Réflexion, Lumière, Bordure arrondie, et.).

Pour ne mettre en forme que le texte, vous disposez des boutons du groupe Styles WordArt :

- **Styles rapides :** Les vignettes de cette liste déroulante décorent le texte à partir d'un modèle WordArt prédéfini.
- **Remplissage du texte :** Affiche une liste de couleurs et de motifs qui s'appliqueront à l'intérieur des caractères du texte WordArt.
- **Contour du texte :** Affiche une liste de couleurs et de styles de trait qui s'appliqueront au contour des caractères du texte WordArt.
- **Effets du texte :** Choisissez dans cette liste un effet (ombrage, réflexion ou encore lumière) qui finira de donner à votre titre un aspect dynamique et professionnel.

Pour appliquer la mise en forme des titres de la Figure 7.3, j'ai choisi, dans la palette Remplissage de forme, l'option suivante : Noir, Texte 1, plus clair 15 %. Puis j'ai appliqué le style WordArt suivant : Remplissage, Bleu, Accentuation 1, ombre intérieure.

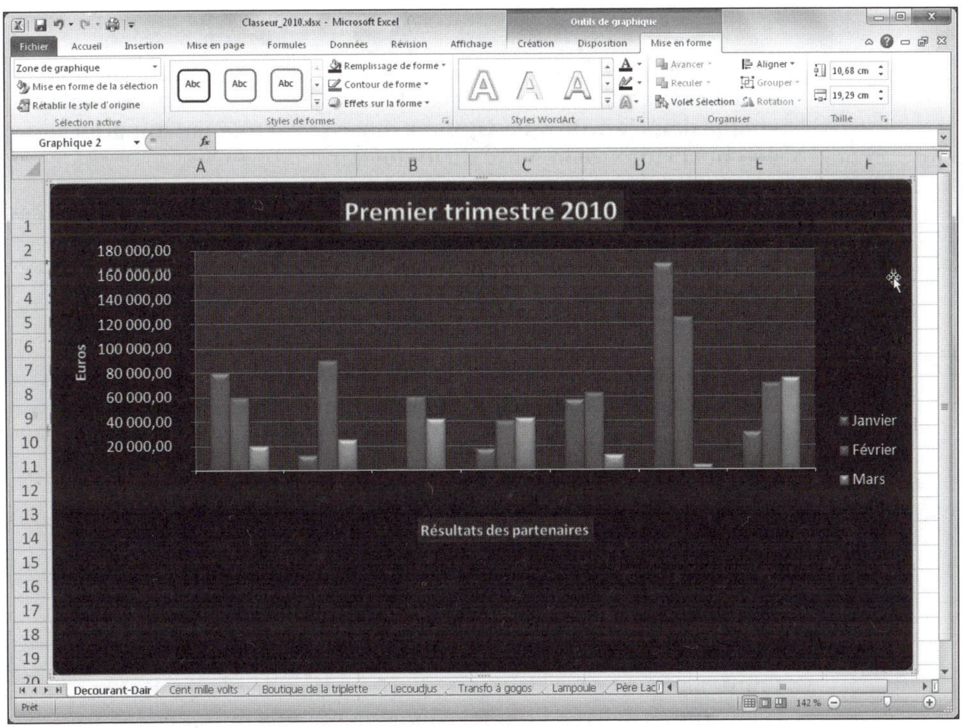

Figure 7.3 : L'histogramme après la mise en forme des titres.

Formater l'axe des catégories (x) et l'axe des valeurs (y)

Lorsqu'il doit représenter un grand nombre de données, Excel fait un minimum d'efforts pour mettre en forme les valeurs qui apparaissent sur l'axe *y* (ou sur l'axe *x* pour certains types de graphiques comme les histogrammes empilés 3D ou les nuages de points).

Si la présentation par défaut des axes ne vous convient pas, vous pouvez facilement l'adapter à vos souhaits :

1. **Cliquez sur l'axe *x* (ou sur l'axe *y*). Vous pouvez également vous servir de la liste déroulante située en haut et à gauche du groupe Sélection active de l'onglet Mise en forme (dans les Outils du graphique). Choisissez alors l'une des options Axe Horizontal (Catégories) ou Axe Vertical (Valeurs).**

   Excel active l'objet choisi et fait apparaître ses poignées de sélection.

2. **Toujours dans le groupe Sélection active, cliquez maintenant sur le bouton Mise en forme de la sélection.**

   Excel ouvre la boîte de dialogue Mettre en forme le titre de l'axe. Elle contient les options suivantes : Options d'axe, Nombre, Remplissage, Couleur du trait, Style de trait, Ombre, Format 3D, Alignement.

3. **Pour modifier l'échelle d'un axe, l'apparence de ses graduations et son mode d'intersection avec l'autre axe, définissez les réglages voulus dans la rubrique Options d'axe (c'est elle qui apparaît lors de l'ouverture de la boîte de dialogue).**

   Vous disposez ici de nombreux choix permettant de fixer la plage des valeurs, d'inverser le sens de celles-ci, d'appliquer une échelle logarithmique, d'afficher des unités (par centaines, milliers, millions, *etc.*) et de diviser les valeurs par ces unités, de repositionner les graduations sur l'axe, ou encore de modifier le point d'intersection entre l'axe des abscisses (catégories) et l'axe des ordonnées (valeurs).

4. **L'onglet Nombre permet de définir le style d'affichage des valeurs numériques sur l'ensemble de l'axe. Il suffit de sélectionner une catégorie dans la liste de gauche, puis de préciser les options associées à ce format.**

   Par exemple, pour afficher les nombres avec une espace entre les milliers et sans partie décimale, choisissez la catégorie Nombre, cochez la case Utiliser le séparateur de milliers, et entrez **0** dans le champ Décimales.

5. **Pour changer la disposition et l'orientation des étiquettes sur l'axe sélectionné, activez l'onglet Alignement, puis indiquez la mise en**

forme voulue à l'aide des listes Alignement vertical et Orientation du texte.

6. **Cliquez sur Fermer pour quitter la boîte de dialogue.**

Les autres options de la boîte de dialogue concernent l'aspect des étiquettes. Elles sont identiques à ce qu'Excel propose pour les titres.

Pour personnaliser la police ou d'autres attributs de texte pour l'axe actif, vous disposez comme d'habitude des boutons de l'onglet Accueil.

Quand vous appliquez de nouvelles options pour l'axe sélectionné, Excel montre sur le graphique ce qu'elles vont donner. Cependant, les modifications ne deviendront définitives qu'après avoir cliqué sur le bouton Fermer.

Des mini-graphiques avec les sparklines

Excel 2010 contient un nouveau type d'information graphique appelé sparkline, qui représente les tendances ou les variations d'un ensemble de données. Les sparklines sont de minuscules graphiques dont la taille est approximativement celle du texte qui les entoure. Dans Excel 2010, ils sont de la taille des cellules de la feuille de calcul auxquelles ils se rapportent, et ils peuvent être de l'un de ces types :

- **Courbe :** Elle représente la valeur relative des données sélectionnées dans la feuille de calcul.
- **Colonne :** Les données sélectionnées dans la feuille de calcul sont représentées par un petit histogramme.
- **Conclusions/Pertes :** Les données sélectionnées dans la feuille de calcul apparaissent sur un graphique dans lequel les gains sont représentés par des colonnes positives bleues, et les pertes par des colonnes négatives rouges.

Voici comment ajouter des sparklines aux cellules d'une feuille de calcul :

1. **Dans la feuille de calcul, sélectionnez les données à représenter par un graphique sparkline.**

2. **Sous l'onglet Insertion, dans le groupe Graphiques sparkline, cliquez sur le type de sparklines désiré.**

   Excel ouvre la boîte de dialogue Créer des graphiques sparkline. Elle contient deux champs :

   - Plage de données : Contient les références de la plage de données que vous venez de sélectionner à l'Étape 1.
   - Plage d'emplacements : Vous indiquez dans ce champ la cellule ou la plage de cellules dans laquelle les sparklines doivent apparaître.

3. **Cliquez sur le bouton à droite du champ Plage d'emplacements, puis sélectionnez la cellule ou la plage de cellules pour les sparklines.**

   L'étendue de la plage de cellules réservée aux sparklines doit être identique à celle de la plage des cellules contenant les données.

4. **Cliquez sur OK.**

Comme les sparklines sont de petite taille, vous pouvez fort bien les placer dans la dernière colonne d'un tableau. De cette manière, et à l'instar de ceux de la Figure 7.4, les tendances ou les résultats de séries de chiffres sont immédiatement visibles et interprétables.

Quand un ou plusieurs sparklines sont sélectionnés, Excel 2010 affiche un onglet Outils sparkline dans le ruban. Le sous-onglet Création contient des boutons avec lesquels vous choisirez le type, le style et la mise en forme des sparklines. Le dernier groupe, qui s'appelle tout bêtement Groupe, permet de réunir en ensemble de sparklines dans un seul groupe partageant les mêmes axes et/ou valeurs maximales et minimales (le choix est effectué dans le menu du bouton Axe). Cela est extrêmement commode lorsqu'un ensemble de sparklines doit partager les mêmes paramètres de graphique afin de représenter les tendances des données de manière égale.

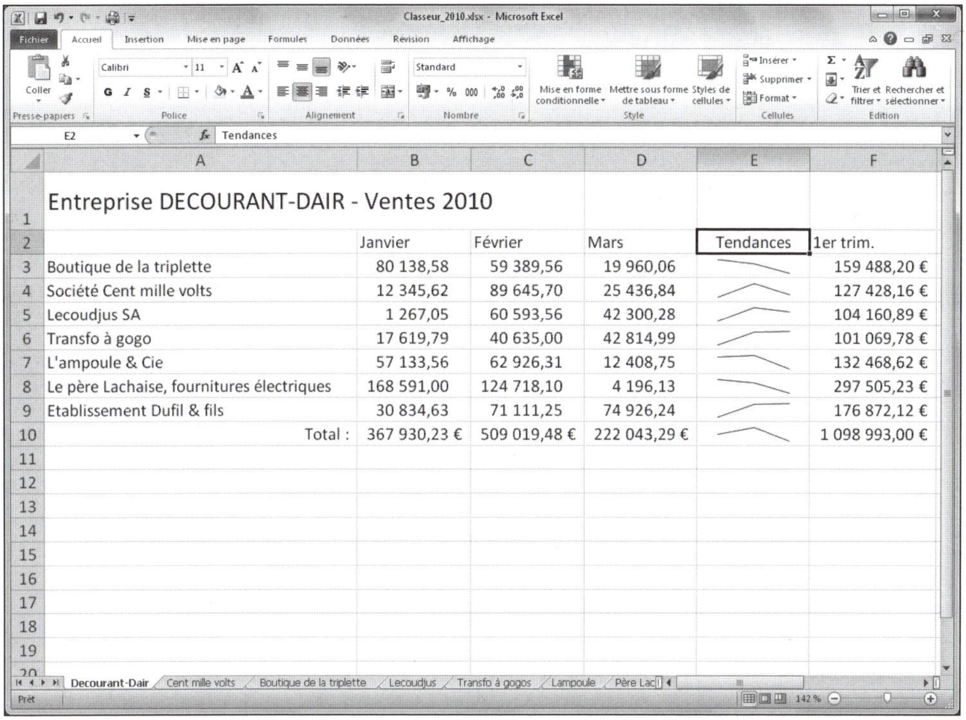

	A	B	C	D	E	F
1	Entreprise DECOURANT-DAIR - Ventes 2010					
2		Janvier	Février	Mars	Tendances	1er trim.
3	Boutique de la triplette	80 138,58	59 389,56	19 960,06		159 488,20 €
4	Société Cent mille volts	12 345,62	89 645,70	25 436,84		127 428,16 €
5	Lecoudjus SA	1 267,05	60 593,56	42 300,28		104 160,89 €
6	Transfo à gogo	17 619,79	40 635,00	42 814,99		101 069,78 €
7	L'ampoule & Cie	57 133,56	62 926,31	12 408,75		132 468,62 €
8	Le père Lachaise, fournitures électriques	168 591,00	124 718,10	4 196,13		297 505,23 €
9	Etablissement Dufil & fils	30 834,63	71 111,25	74 926,24		176 872,12 €
10	Total :	367 930,23 €	509 019,48 €	222 043,29 €		1 098 993,00 €

Figure 7.4 : Les sparklines sont parfaits pour montrer les tendances d'une série de chiffres, comme ici les résultats trimestriels.

Jouer avec les tableaux croisés

Chapitre 8

Dans ce chapitre :

- Comprendre les tableaux croisés.
- Créer un nouveau tableau croisé.
- Formater un tableau croisé.
- Trier et filtrer les données d'un tableau croisé.
- Modifier la structure et la disposition d'un tableau croisé.
- Créer un graphique croisé.

Les *tableaux croisés dynamiques* constituent une espèce particulière de tableaux de synthèse spécifique à Microsoft Excel. Ils sont particulièrement utiles pour synthétiser des valeurs prises dans une liste de données (ou provenant d'une base de données), car ils font leurs tours de magie sans que vous ayez à créer des formules pour effectuer ces opérations. Ils vous permettent aussi d'examiner et d'analyser facilement et rapidement les relations inhérentes à leurs sources de données (qu'il s'agisse de séries de valeurs traitées directement sous Excel ou de tables lues dans des bases de données externes gérées à l'aide d'un programme autonome tel que Microsoft Access).

Grâce aux tableaux croisés, il est possible de disposer différemment les données traitées, y compris après les avoir générées. C'est d'ailleurs cette capacité à adapter à la volée l'agencement des données, en opérant une rotation sur les en-têtes de lignes et de colonnes qui a donné à l'origine leur nom aux tables *pivot*, devenues entre-temps des *tableaux croisés dynamiques*. Si vous visualisez mieux les relations entre données quand elles sont présentées graphiquement, Excel permet tout aussi bien de créer des graphiques croisés dynamiques à partir de l'un des nombreux modèles pris en charge par Excel.

Tableaux croisés dynamiques : la synthèse ultime

Les tableaux croisés dynamiques sont extrêmement versatiles, car ils vous permettent de synthétiser des données en utilisant une belle variété de fonctions (même si la totalisation avec SOMME est celle qui reste la plus courante). Lorsque vous définissez un tableau croisé dynamique (ce que nous allons faire dans la prochaine section), vous avez plusieurs décisions à prendre : quelle sera la fonction de regroupement, quelles seront les colonnes (ou les champs) auxquelles cette fonction s'appliquera, et quelles seront les colonnes (ou champs) avec lesquelles ces calculs seront (justement) croisés.

Les tableaux croisés sont parfaits pour croiser (on s'y attendait !) une série de données avec une autre. Par exemple, vous pouvez créer un tableau croisé à partir d'une table provenant d'une base de données Employés, de manière à totaliser les salaires des différentes catégories professionnelles par service ou site.

Produire un tableau croisé dynamique

Créer un tableau croisé dynamique sous Excel 2010 est très facile : ouvrez la feuille de calcul contenant la liste des données à synthétiser, placez le curseur quelque part dans cette liste, puis cliquez sur le bouton de commande Tableau croisé dynamique, sous l'onglet Insertion, dans le Ruban. Les amis du clavier se serviront de la combinaison de touches Alt + NVT.

Excel ouvre la boîte de dialogue Créer un tableau croisé dynamique et sélectionne toutes les données de la liste où se trouve le curseur (la plage est alors entourée par la fameuse rangée de fourmis). En cas de besoin, vous pouvez redéfinir cette sélection dans le champ Tableau/Plage de la rubrique Sélectionner un tableau ou une plage (voir la Figure 8.1). Par défaut, Excel construit le nouveau tableau croisé dynamique dans une feuille distincte qu'il ajoute au classeur. Si, cependant et pour une raison connue de vous seul, vous préférez ajouter le tableau à la feuille courante, cliquez en bas de la fenêtre sur l'option Feuille de calcul existante. Dans ce cas, spécifiez dans le champ Emplacement l'adresse de la première cellule du tableau. Faites très attention que celui-ci ne vienne pas recouvrir une partie des données existantes.

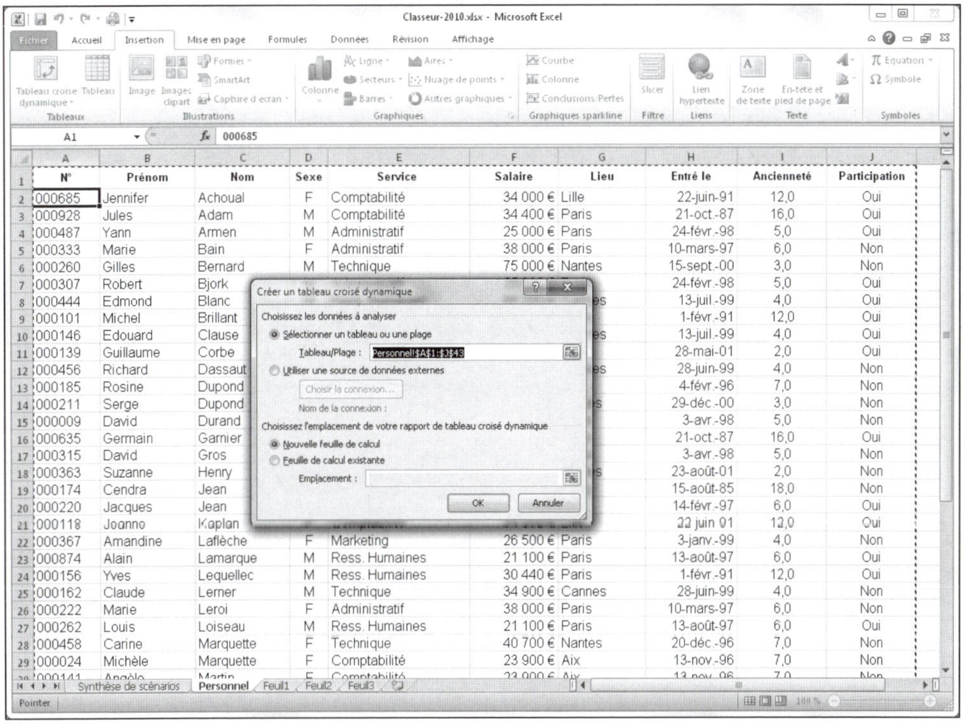

Figure 8.1 : Indiquer dans la boîte de dialogue Créer un tableau croisé dynamique la source des données et l'emplacement du tableau.

Si la source de votre tableau croisé est une table provenant d'une base de données externe, créée par exemple avec Microsoft Access, vous devrez choisir l'option fort justement intitulée Utiliser une source de données externe. Cliquez ensuite sur le bouton Choisir la connexion. Sélectionnez alors une connexion dans la boîte de dialogue Connexions existantes.

Une fois la source et la destination précisées dans la boîte de dialogue Créer un tableau croisé dynamique, il ne reste plus qu'à cliquer sur son bouton OK. Excel crée une grille vierge pour le nouveau tableau et affiche sur la droite de la fenêtre un volet Liste de champs de tableau croisé dynamique (voir la Figure 8.2).

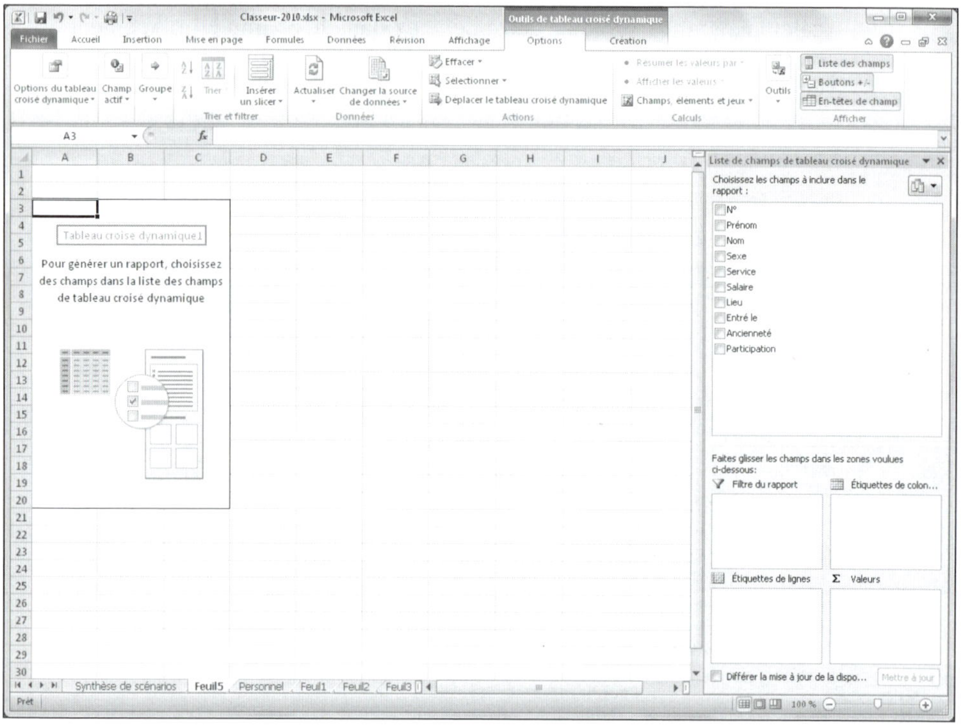

Figure 8.2 : Le nouveau tableau affiche une grille vierge et le volet Liste de champs de tableau croisé dynamique.

Le volet est divisé en deux parties. En haut se trouve la liste de tous les champs provenant de la source de données sélectionnée pour la création du tableau. Chaque ligne est précédée d'une case à cocher vide ; c'est pourquoi le tableau est encore vierge pour l'instant. En bas, quatre zones permettent de faire glisser des noms de champs sur les éléments proposés : filtre, étiquette de colonne ou de ligne, valeur.

Pour terminer le travail, il ne vous reste plus qu'à assigner les champs de la liste du haut aux diverses parties du tableau. Pour cela, il suffit de faire glisser un nom de champ sur l'un des quatre cadres situés en bas du volet :

- **Filtre du rapport :** Cette zone contient des champs qui vous permettent de regrouper les données du tableau croisé en leur appliquant un filtre. Supposons par exemple que vous vouliez étudier l'évolution des ventes sur plusieurs années. En faisant glisser un champ Année sur la fenêtre Filtre du rapport, vous pourrez afficher les valeurs année par année ou pour toute la période représentée par votre liste de données.

- **Étiquettes de colonnes :** Cette zone contient les champs qui déterminent la disposition des données dans les colonnes du tableau croisé.
- **Étiquettes de lignes :** Cette zone contient les champs qui déterminent la disposition des données dans les lignes du tableau croisé.
- **Valeurs :** Cette zone contient les champs qui déterminent les données représentées dans les cellules du tableau, autrement dit celles qui sont sommées (par défaut) dans sa dernière colonne.

Pour mieux comprendre le jeu qui se déroule entre ces zones et le tableau croisé, observez l'exemple de la Figure 8.3.

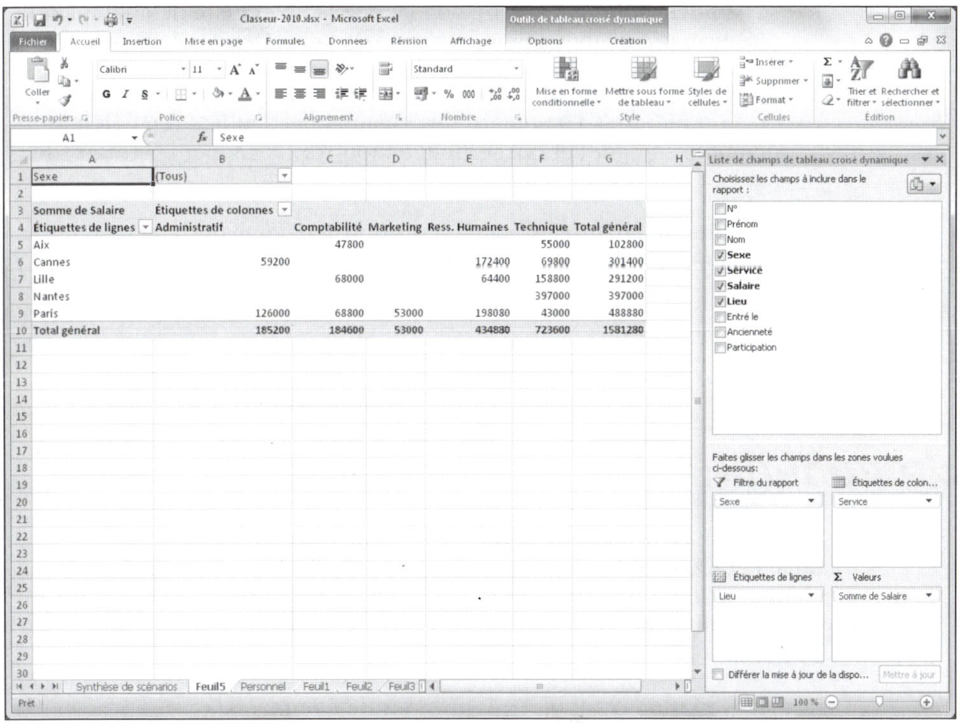

Figure 8.3 : Le tableau croisé dynamique après avoir ajouté les champs de la liste des employés dans les quatre groupes.

Pour ce tableau, j'ai fait glisser le champ Sexe (qui contient F pour *féminin* ou M pour *masculin*) jusque sur la case Filtre du rapport. Il est ainsi possible de différencier la situation des femmes et des hommes dans la société. J'ai également ajouté le champ Service à la colonne Étiquettes de colonnes. Les colonnes décriront donc les services de la société. Les étiquettes des lignes sont basées sur le champ Lieu. Enfin, les valeurs utilisées dans les cellules du tableau sont les salaires des employés. En résumé, ce tableau affichera la somme des salaires des employé(e)s classés par service (en colonne) et par lieu (en ligne). Excel ajoute automatiquement un total général dans chaque sens.

Dès qu'un tableau croisé dynamique a été créé, ou que vous activez une cellule dans un tableau existant, Excel sélectionne l'onglet Options, dans le Ruban (il ajoute automatiquement un onglet contextuel intitulé Options de tableau croisé dynamique, avec deux séries de commandes : Options et Création). Parmi les nombreux groupes de cet onglet, vous trouverez sur la droite plusieurs commandes très utiles dans le groupe Afficher/Masquer :

- **Liste des champs :** Affiche ou masque le volet Liste de champs du tableau croisé dynamique, à droite de la fenêtre.
- **Boutons +/- :** Affiche ou masque les boutons servant à étendre (+) ou réduire (-) en regard des champs particuliers (en colonne comme en ligne) et qui servent à montrer ou cacher les totaux de ceux-ci dans le tableau.
- **En-tête de champ :** Affiche ou masque les noms des champs affectés aux étiquettes de colonnes ou de lignes dans le tableau croisé.

Mettre en forme un tableau croisé dynamique

Avec Excel 2010, il est aussi rapide et facile de mettre en forme un tableau croisé dynamique que n'importe quelle autre liste de données. Il suffit de cliquer dans une des cellules du tableau afin d'afficher l'onglet Outils de tableau croisé dynamique dans le Ruban. Activez ensuite l'onglet Création.

L'onglet Création contient trois groupes de commandes :

- **Disposition :** Il vous permet d'ajouter des sous-totaux ou des totaux généraux, ainsi que de modifier l'agencement global du tableau.

- **Options de style de tableau croisé dynamique :** Avec ce groupe, vous pouvez affiner l'aspect de votre tableau en utilisant la galerie de styles affichée à sa droite.

- **Styles de tableau croisé dynamique :** Ce groupe propose la liste des styles que vous pouvez appliquer au tableau actif. Cliquez simplement sur la vignette voulue.

La Figure 8.4 illustre cette démarche. J'ai fait défiler la galerie des styles et sélectionné la proposition Moyen 10. Ce style applique une teinte rose clair au fond des cellules qui définissent le sexe des employés, et une couleur plus foncée aux en-têtes des colonnes ainsi qu'à la liste des services (en fait, cette couleur est si foncée qu'Excel y affiche automatiquement le texte en blanc).

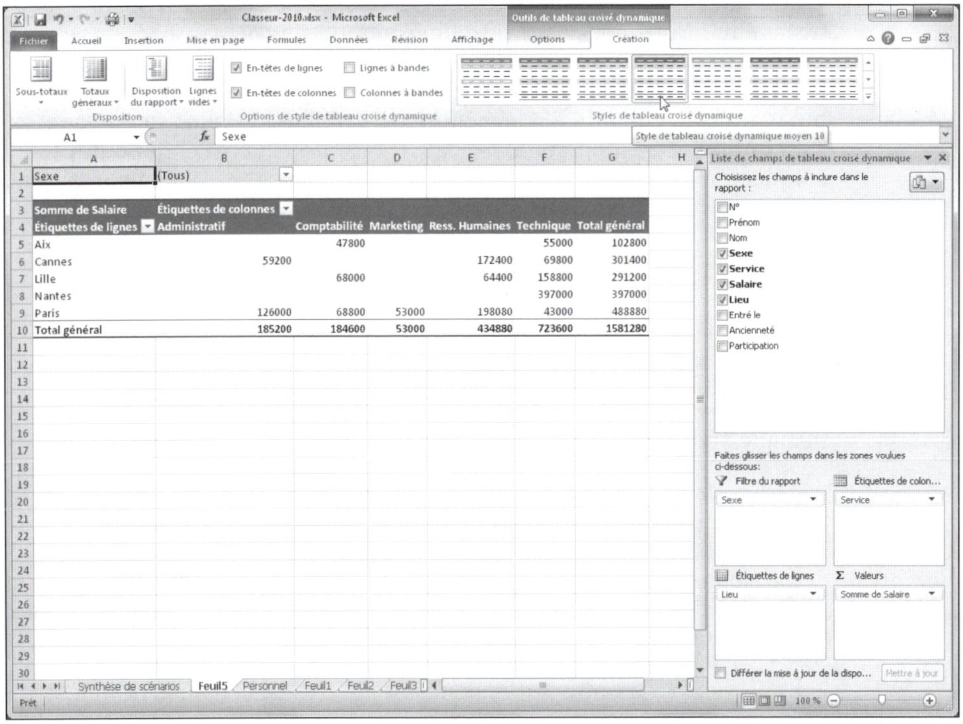

Figure 8.4 : Le nouveau tableau croisé dynamique est formaté avec la présentation Moyen 10 choisie dans la liste des styles.

Personnaliser le style du tableau croisé dynamique

> Une fois que vous avez appliqué l'un des styles prédéfinis (dans l'un des modes Clair, Moyen ou Foncé), l'aperçu dynamique vous permet de juger immédiatement de ce que donnerait une autre variante : placez simplement le pointeur de la souris au-dessus d'une vignette dans la galerie, et la mise en forme correspondante apparaît immédiatement dans le tableau !

Une fois appliqué un style prédéfini, il est possible de l'affiner en vous servant des cases à cocher du groupe Options de style de tableau croisé dynamique. Vous pouvez par exemple ajouter des «lignes à bandes» afin de séparer par un trait les lignes d'un tableau qui n'emploie pas déjà des couleurs alternées, et ce afin de lui ajouter davantage de contraste (le but étant bien entendu d'en améliorer la lisibilité). Cliquez simplement sur l'option correspondante. Il existe une option équivalente pour les colonnes. Si le résultat n'est pas satisfaisant, décochez seulement la case.

Formater les valeurs d'un tableau croisé dynamique

Pour appliquer aux totaux qui peuplent les cellules de votre tableau croisé dynamique un format numérique particulier, procédez de la manière suivante :

1. **Cliquez dans le tableau sur la cellule qui contient les mots «Somme de»**, suivis du nom du champ dont les valeurs sont totalisées ici (dans notre exemple, le cumul se fait par service). Activez ensuite l'onglet Options du Ruban (sous l'onglet contextuel Outils de tableau croisé dynamique). Cliquez alors sur le bouton de commande Champ actif, puis sur l'option Paramètres de champs.

   Excel ouvre la boîte de dialogue Paramètres des champs de valeur.

2. **Cliquez dans la boîte de dialogue sur le bouton Format de nombre.**

   L'onglet Nombre de la boîte de dialogue Format de cellule apparaît.

3. **Choisissez le format numérique que vous voulez appliquer à vos totaux dans liste Catégorie de l'onglet Nombre.**

4. **(Facultatif) Si vous le souhaitez, éditez à votre convenance les options du format numérique sélectionné** (nombre de décimales, symbole monétaire éventuel, mode d'affichage des valeurs négatives, et ainsi de suite).

5. **Cliquez deux fois sur OK pour valider les deux boîtes de dialogue.**

La nouvelle mise en forme est immédiatement appliquée à l'ensemble du tableau.

Trier et filtrer les données du tableau croisé dynamique

Lorsque vous créez un nouveau tableau croisé dynamique, Excel ajoute automatiquement des flèches dans les cellules correspondant aux champs du filtre et des étiquettes (colonnes et lignes). Ces boutons de filtrage permettent de restreindre l'étendue des entrées en retirant certaines données, ou encore de trier les éléments en ligne et/ou en colonne.

Si vous avez ajouté au tableau plusieurs champs dans les cases Étiquettes, Excel ajoute également des boutons de réduction (-) qui servent à masquer temporairement le sous-total correspondant à un champ secondaire particulier. Lorsque vous avez ainsi réduit des informations, le bouton devient un « + » (expansion) sur lequel il suffit de cliquer pour afficher à nouveau les sous-totaux.

Filtrer le rapport

Les boutons les plus importants dans un tableau croisé dynamique sont probablement ceux qui sont ajoutés au(x) champ(s) Filtre du rapport. En choisissant l'une des options attachées à l'un de ces boutons de filtrage, seul le jeu de données vérifiant ce critère apparaîtra dans le tableau.

Notre exemple utilise comme filtre du rapport le champ Sexe (reportez-vous à la Figure 8.4). Nous pouvons donc facilement distinguer les masses salariales des femmes et des hommes à l'intérieur du tableau croisé dynamique. Voyons comment :

- Cliquez sur le bouton de filtrage dans la cellule qui suit l'intitulé Sexe. Dans la liste qui apparaît, cliquez sur la ligne M, puis sur OK. Seuls les salaires des employés (hommes) apparaîtront dans le tableau.

- Cliquez sur le bouton de filtrage dans la cellule qui suit l'intitulé Sexe (en haut et à gauche de la feuille). Dans la liste qui apparaît, cliquez sur la ligne F, puis sur OK. Seuls les salaires des employées (femmes) apparaîtront dans le tableau.
- Cliquez sur le bouton de filtrage dans la cellule qui suit l'intitulé Sexe. Cliquez maintenant sur la ligne (Tous), puis sur OK. Le tableau réaffiche maintenant l'ensemble du personnel.

Lorsque vous appliquez ce filtre, Excel affiche la valeur choisie dans le champ Sexe, soit F, M ou (Tous). Il remplace également la flèche par un symbole figurant une espèce d'entonnoir afin de vous rappeler que seules certaines des données de la source sont actuellement affichées dans le tableau.

Filtrer des lignes et des colonnes

Les boutons de filtrage associés aux étiquettes des colonnes et des lignes vous permettent d'appliquer des filtres à des groupes particuliers, voire parfois à des entrées individuelles de la source de données.

Pour filtrer les éléments présents dans les lignes ou les colonnes, cliquez sur la flèche qui suit l'étiquette correspondante (Service ou Lieu dans notre exemple). Dans la fenêtre qui apparaît, cliquez sur l'option (Sélectionner tout). Cela revient à décocher toutes les valeurs présentes dans ce champ. Il vous suffit ensuite de cocher une ou plusieurs entrées pour n'afficher dans le tableau que les totaux qui leur correspondent.

Comme précédemment, Excel remplace le bouton fléché de la colonne ou de la ligne que vous avez filtrée par une icône d'entonnoir. Il vous prévient ainsi que seules certaines valeurs sont totalisées dans le tableau. Pour revenir à une vue globale de la situation, cliquez à nouveau sur le bouton de filtrage puis sur l'option (Sélectionner tout). Validez.

La Figure 8.5 montre notre tableau croisé dynamique une fois filtrés les champs Sexe et Service de manière à n'afficher que les informations qui répondent au critère suivant : femmes travaillant dans l'un des services Administration, Comptabilité et Ressources humaines.

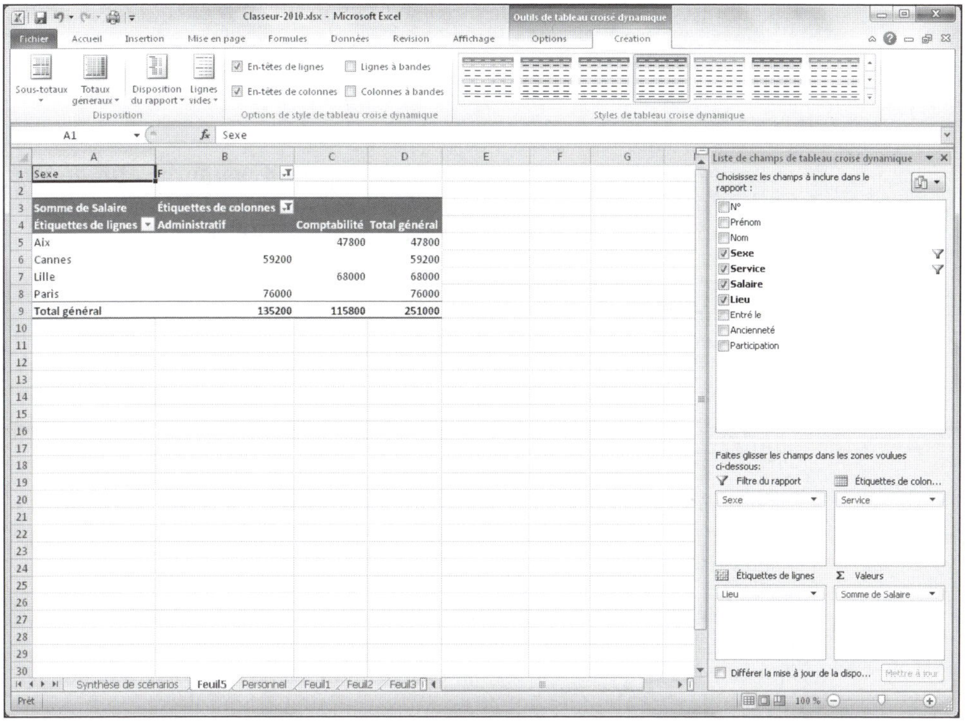

Figure 8.5 : Le tableau croisé dynamique après le filtrage des champs Sexe et Service.

Remarquez dans la Figure 8.5 que le nombre de lieux a diminué une fois le filtre Sexe/Service appliqué. Il manque en effet une localité. Cela signifie tout bonnement qu'aucune femme ne travaille dans les services Administration, Comptabilité et Ressources humaines dans cette ville. Mais comment être certain que ce résultat n'est pas plutôt la conséquence d'un filtrage du champ Lieu ? Tout simplement en regardant les boutons présents dans les cellules : le champ Lieu continue à afficher une flèche et non une icône de filtrage en forme d'entonnoir, ce qui indique qu'aucun critère particulier n'y est actuellement appliqué.

Filtrer avec des slicers

Les slicers (« couteaux à découper », dans une cuisine) sont une nouveauté d'Excel 2010 permettant de filtrer un tableau croisé dynamique. Ils sont faciles à créer et à utiliser, et ils filtrent le contenu en un rien de temps, sur plusieurs champs. Il est même possible de les lier à des champs d'autres tableaux croisés dynamiques présents dans le classeur.

L'ajout de slicers dans le tableau croisé dynamique s'effectue en deux étapes :

1. **Cliquez dans une cellule du Tableau croisé dynamique afin de la sélectionner puis, dans l'onglet Options du Ruban, dans le groupe Trier et filtrer, cliquez sur le bouton Insérer un slicer.**

   Excel ouvre la boîte de dialogue Insérer des slicers. Elle contient le nom de chacun des champs présents dans le tableau croisé dynamique actif.

2. **Cochez la case de chacun des champs à utiliser pour le filtrage du tableau croisé dynamique, et pour lesquels un slicer doit être créé. Cliquez ensuite sur OK.**

   Excel confectionne les slicers sous la forme d'objets graphiques (ces éléments sont décrits au Chapitre 7), à raison d'un slicer par champ sélectionné.

Après avoir créé les slicers, vous pouvez les utiliser pour filtrer les données en sélectionnant simplement les critères affichés dedans. Il suffit pour cela de cliquer dessus exactement comme dans des cellules d'une feuille de calcul, en maintenant la touche Ctrl enfoncée pour sélectionner des critères épars, ou en maintenant la touche Maj enfoncée pour sélectionner un ensemble contigu de critères.

La Figure 8.6 montre des slicers Sexe, Service et Lieu, utilisés pour filtrer les employés masculins, appartenant aux services Administratif et Ressources humaines, travaillant à Cannes et à Paris.

Du fait que les slicers sont des objets graphiques, certes quelque peu fantaisistes, ils peuvent être déplacés, redimensionnés et supprimés comme n'importe quel autre graphique d'Excel (détails au Chapitre 7).

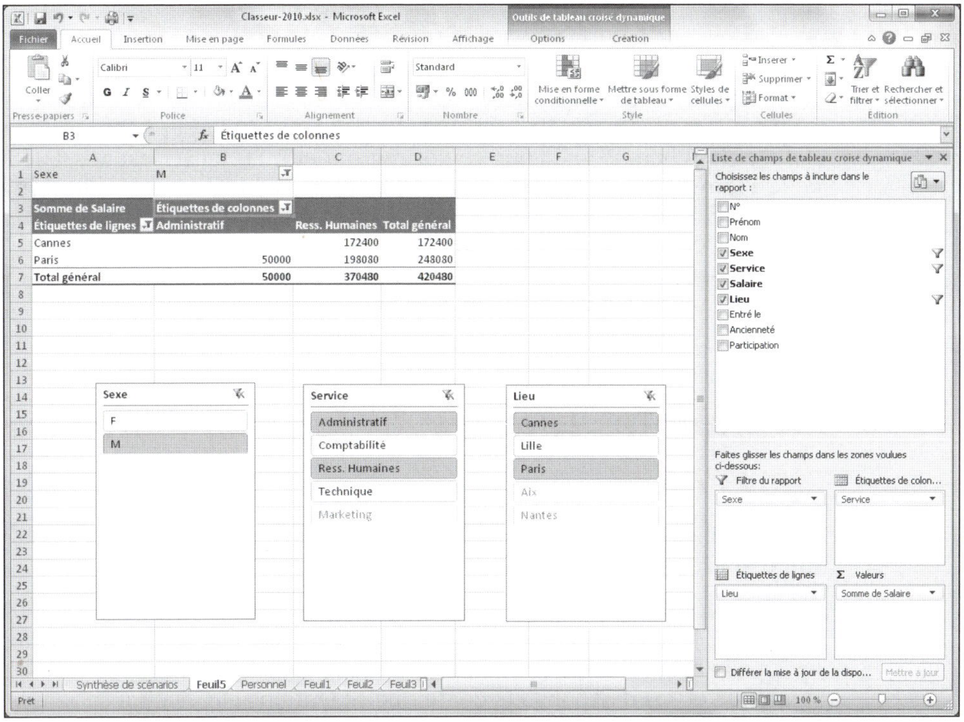

Figure 8.6 : Le tableau croisé dynamique après des slicers Sexe, Service et Lieu.

Trier le tableau croisé dynamique

Le contenu d'un tableau croisé dynamique peut être réorganisé instantanément en le triant selon une ou plusieurs colonnes et/ou lignes. Pour modifier l'ordre de présentation des données, cliquez sur le bouton de filtrage correspondant au champ à trier. Choisissez en haut de la liste le mode croissant ou décroissant.

Selon le cas, l'option Trier de A à Z classera les données dans l'ordre alphabétique ascendant s'il s'agit de noms, ou de la plus petite à la plus grande valeur s'il s'agit de nombres, ou encore de la plus ancienne à la plus récente, dans le cas de dates. L'option Trier de Z à A inverse le classement (ordre alphabétique descendant, de la plus grande à la plus petite valeur ou de la date la plus récente à la plus ancienne).

Modifier un tableau croisé dynamique

Les tableaux croisés sont bien plus dynamiques que les tableaux de données classiques, car ils sont très simples à manipuler et éditer. Changer les champs que vous voulez regrouper ou totaliser est aussi facile à faire que de les ajouter lors de la création du tableau. De surcroît, vous pouvez instantanément restructurer le tableau croisé en faisant glisser ses champs actuels vers un autre emplacement. Si l'on ajoute à cela la possibilité de sélectionner une nouvelle fonction de calcul statistique, vous aurez une bonne idée de ce qu'est un tableau de données réellement dynamique !

Modifier les champs du tableau croisé dynamique

Pour modifier les champs utilisés dans votre tableau croisé, vous devez tout d'abord en afficher la liste :

1. **Cliquez dans n'importe quelle cellule du tableau.**

   Excel affiche dans le Ruban l'onglet Outils de tableau croisé dynamique et ses deux onglets contextuels : Options et Création.

2. **Activez l'onglet Option afin d'afficher ses groupes de commandes dans le Ruban.**

3. **Cliquez sur le bouton Liste des champs dans le groupe Afficher/Masquer.**

   Excel affiche le volet Liste de champs de tableau croisé dynamique. Il montre les champs actuellement utilisés ainsi que les zones auxquelles ils sont affectés.

Procédez à présent aux modifications que vous souhaitez apporter au tableau :

- Pour supprimer un champ, faites glisser son nom en dehors de sa zone de dépôt (Filtre du rapport, Étiquettes de colonnes ou de lignes, Valeurs), c'est-à-dire sur la feuille ou sur la liste des champs. Relâchez le bouton de la souris lorsque le pointeur affiche une croix. Vous pouvez aussi désactiver la case correspondante dans la liste Choisissez les champs à inclure dans le rapport.

- Pour déplacer un champ existant à l'intérieur du tableau, faites glisser son nom d'une zone de dépôt à une autre (Filtre du rapport, Étiquettes de colonnes ou de lignes, Valeurs).

- Pour ajouter un champ au tableau, faites glisser son nom de la liste *Choisissez les champs…* vers la zone de dépôt voulue (Filtre du rapport, Étiquettes de colonnes ou de lignes, Valeurs). Si vous souhaitez simplement insérer un nom de champ dans la liste des étiquettes de lignes, il vous suffit de cocher sa case dans la liste du haut.

Pivoter les champs de la table

Si les tableaux croisés s'appelaient autrefois «tables pivot», ce n'est pas pour rien. Vous pouvez en effet restructurer votre tableau en faisant tourner les lignes et les colonnes… Supposons que le champ Service soit disposé en colonnes et les lieux regroupés sur les lignes (c'est jusqu'à présent le cas pour notre exemple). Supposons ensuite qu'à la place d'une organisation par services puis par lieux, vous vouliez juger de l'inverse, soit les services disposés en lignes et les lieux disposés en colonnes.

Pas de problème. Tirez le champ Service du cadre Étiquettes de colonnes jusque sur la zone Étiquettes de lignes. Recommencez l'opération, cette fois en faisant glisser le champ Lieu du cadre Étiquettes de lignes jusque sur la zone Étiquettes de colonnes.

Et voilà ! Excel réorganise automatiquement les salaires totaux de manière que les lignes du tableau affichent le total général par service, les colonnes montrant maintenant le total général par lieu.

Il est aussi possible de commuter les lignes et les colonnes en faisant glisser leurs étiquettes directement sur le tableau croisé lui-même. Dans l'onglet Options des Outils de tableau croisé dynamique, cliquez sur le bouton Options du tableau croisé dynamique. Dans le menu, choisissez Options, puis de nouveau Options. La boîte de dialogue Options du tableau croisé dynamique apparaît. Activez l'onglet Affichage, puis cochez Disposition classique du tableau croisé dynamique. Cliquez ensuite sur OK.

Modifier la fonction de calcul du tableau

Par défaut, Excel utilise la bonne vieille fonction SOMME pour créer les sous-totaux et les totaux généraux des valeurs numériques traitées dans le tableau.

Cependant, certains tableaux croisés nécessitent le recours à une autre opération de calcul (une moyenne, un dénombrement, et ainsi de suite).

Pour changer de fonction, cliquez du bouton droit sur l'en-tête Somme de [champ], à l'intersection de la première colonne de champ et de la première ligne de champ, dans le tableau croisé dynamique. Dans le menu déroulant qui s'affiche, choisissez l'option Paramètres des champs de valeurs. Elle active la boîte de dialogue visible dans la Figure 8.7.

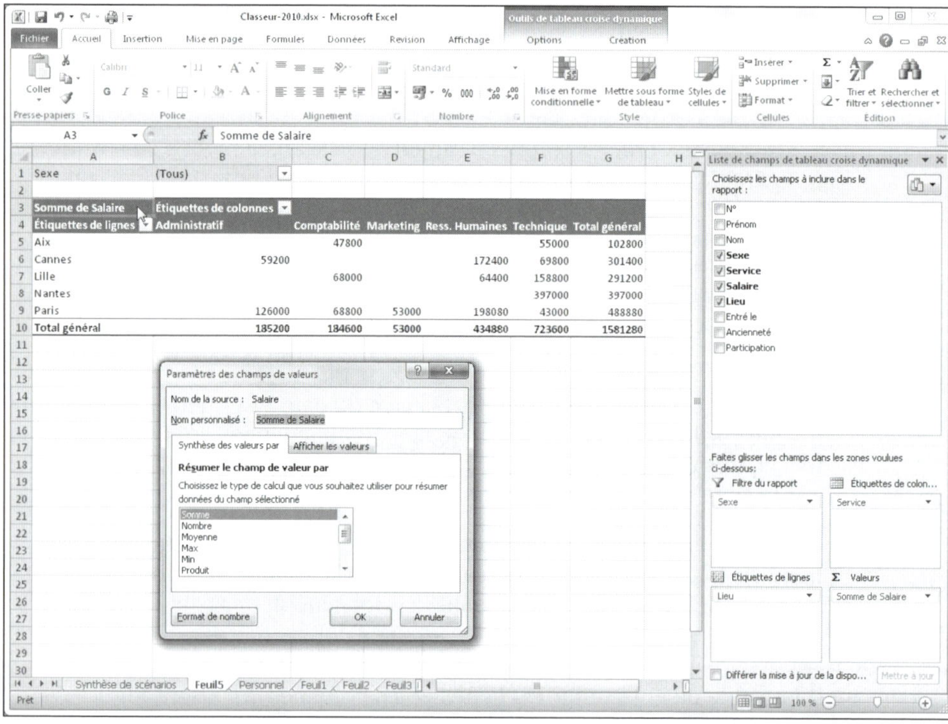

Figure 8.7 : Sélection d'une nouvelle fonction de synthèse.

Vous pouvez à présent choisir un type de calcul dans la liste des fonctions de synthèse :

- **Nombre :** Dénombre la quantité d'enregistrements pour une catégorie particulière (notez qu'il s'agit de la fonction par défaut si vous utilisez des champs de texte comme contenu pour votre tableau croisé).
- **Moyenne :** Calcule la moyenne arithmétique des valeurs des champs pour la catégorie et le filtre courants.
- **Max :** Calcule la plus grande des valeurs des champs pour la catégorie et le filtre courants.
- **Min :** Calcule la plus petite des valeurs des champs pour la catégorie et le filtre courants.

- **Produit :** Calcule le produit des valeurs des champs pour la catégorie et le filtre courants. Toutes les entrées non numériques sont ignorées.
- **Chiffres :** Affiche le nombre de valeurs numériques pour la catégorie et le filtre courants. Toutes les entrées non numériques sont ignorées.
- **Ecartype :** Affiche la déviation standard des valeurs des champs pour la catégorie et le filtre courants.
- **Ecartypep :** Affiche la déviation standard pour la population correspondant aux champs pour la catégorie et le filtre courants.
- **Var :** Affiche la variance des valeurs des champs pour la catégorie et le filtre courants.
- **Varp :** Affiche la variance pour la population correspondant aux champs pour la catégorie et le filtre courants.

La nouvelle fonction sélectionnée, cliquez sur le bouton OK. Excel l'applique instantanément aux données présentes dans les cellules du tableau croisé dynamique.

Plus beau avec les graphiques croisés dynamiques

Le tableau croisé en place, vous pouvez créer le diagramme qui lui correspond afin de visualiser graphiquement les données. Deux étapes simples suffisent :

1. **Sous l'onglet Outils de tableau croisé dynamique, dans le Ruban, cliquez sur Options, puis sur le bouton Outils, et enfin sur Graphique croisé dynamique.**

   Souvenez-vous que l'onglet Outils de tableau croisé dynamique possède deux sous-onglets : Options et Création. Ils apparaissent automatiquement dès que vous cliquez sur une des cellules du tableau.

2. **Dans la boîte de dialogue Insérer un graphique, cliquez sur la vignette correspondant au type de graphique à créer. Cliquez ensuite sur OK.**

Dès que vous avez cliqué sur OK pour confirmer votre choix, Excel place trois objets dans la même feuille que le tableau :

- Un **graphique croisé dynamique** basé sur le type de diagramme que vous venez de sélectionner. Ce graphique *incorporé* peut facilement être déplacé ou redimensionné à l'aide de ses poignées (reportez-vous au Chapitre 7 pour en apprendre plus sur les graphiques).
- Un volet **Filtre de graphique croisé** qui possède trois listes déroulantes : Filtre du rapport, Champs Axe (Abscisses), Champs Légende (Série). La zone Valeurs, vers le bas du volet, rappelle le nom du champ fournissant la formule de calcul dans le tableau (et donc l'objet représenté dans le diagramme).
- Un onglet contextuel **Outils de graphique croisé dynamique**, qui est à son tour divisé en quatre sous-volets : Création, Disposition, Mise en forme et Analyse ; chacun proposant des groupes de commandes grâce auxquels vous pouvez personnaliser et redéfinir le graphique.

Déplacer un graphique croisé vers sa propre feuille

Excel place les nouveaux graphiques croisés dynamiques dans la même feuille que leur tableau source. Cependant, il est souvent plus facile de personnaliser et modifier un graphique lorsqu'il se trouve sur sa propre feuille :

1. **Dans la liste des onglets formant les Outils de graphique croisé dynamique, cliquez sur Création. Le Ruban contient une série de commandes.**

   Si vous ne voyez pas cet onglet, cliquez tout simplement quelque part sur le graphique Il réapparaîtra.

2. **Cliquez sur le bouton de commande Déplacer le graphique, à droite dans le Ruban.**

   Excel ouvre la boîte de dialogue Déplacer le graphique.

3. **Cliquez sur le bouton d'option Nouvelle feuille.**
4. **(Facultatif) Renommez la feuille de destination en entrant un intitulé plus descriptif que le nom générique (Graph1).**
5. **Cliquez sur OK pour valider la boîte de dialogue Déplacer le graphique et ouvrir la nouvelle feuille où se trouve maintenant votre graphique.**

La Figure 8.8 montre un graphique croisé dynamique placé dans sa propre feuille, sans le volet Filtre (il a été fermé, mais peut être rouvert à partir de la feuille du tableau croisé dynamique, en cliquant sur l'onglet Options, puis sur Afficher/Liste des champs).

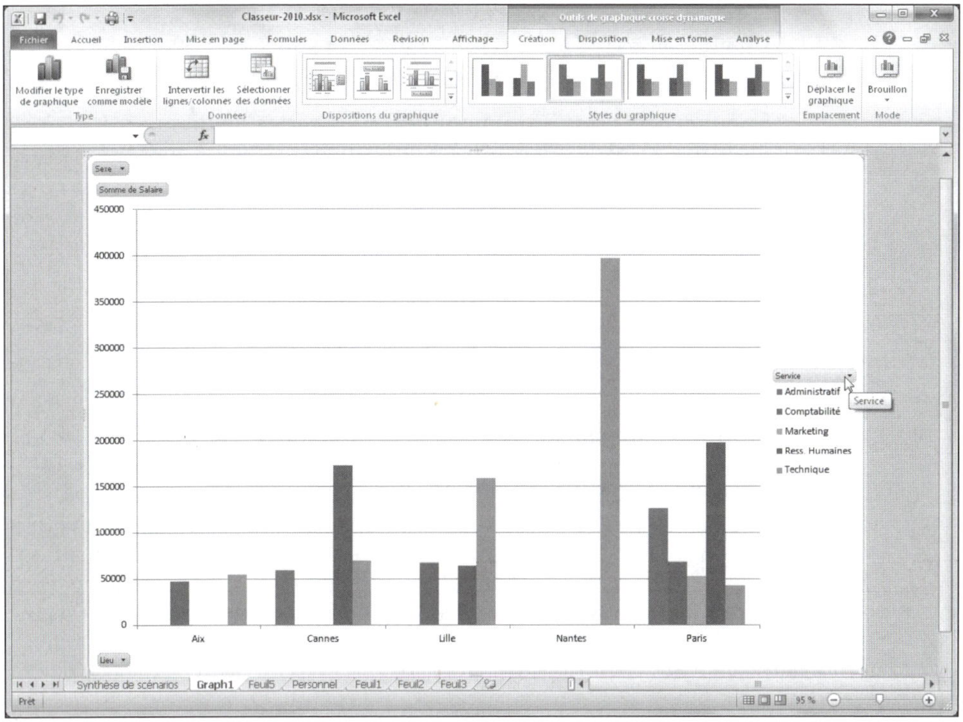

Figure 8.8 : Un graphique croisé dynamique et ses boutons de filtrage.

Filtrer un graphique croisé

Lorsque les données d'un tableau croisé dynamique sont représentées sous la forme d'un diagramme classique (histogramme, barres, lignes...) reposant sur un axe x (abscisses) et un axe y (ordonnées), les étiquettes des lignes du tableau, ou *catégories,* se trouvent en bas du graphique. Les étiquettes de colonnes du tableau deviennent les *séries* de données qui sont transcrites dans la légende. Les valeurs proprement dites du tableau sont représentées le long de l'axe vertical y, à gauche (il s'agit dans notre exemple de l'échelle des salaires).

Les listes déroulantes du volet Filtre permettent de choisir la nature des données que vous voulez représenter dans le graphique croisé dynamique. Tout se passe exactement comme pour les tableaux croisés.

Désactivez l'option *(Sélectionner tout)*, puis cochez les champs à tracer dans le graphique :

- Filtre du rapport pour filtrer la liste des valeurs traitées dans le graphique (celles qui déterminent l'échelle de l'axe des ordonnées).
- Champs Axe (Abscisses) pour filtrer les catégories représentées le long de l'axe des abscisses (en bas du graphique).
- Champs Légende (Série) pour filtrer les séries de données montrées dans les barres (ou sur les lignes) qui forment le corps du graphique, et qui sont répertoriées dans la légende.
- Valeur pour filtrer les valeurs représentées dans le graphique.

Mettre en forme un graphique croisé dynamique

Les boutons de commandes des onglets Création, Disposition et Mise en forme associés (regroupés dans la catégorie Outils de graphique croisé dynamique) facilitent la mise en forme et la personnalisation de vos graphiques. Utilisez l'onglet Création pour sélectionner un nouveau style, voire un nouveau type de graphique. Servez-vous de l'onglet Disposition pour ajouter des titres, des zones de texte, un quadrillage, des images ou encore des formes. Activez l'onglet Mise en forme pour redéfinir le style de chaque élément présent dans le graphique (comme la couleur ou le remplissage de l'arrière-plan).

Pour plus d'informations sur les boutons de commandes proposés par ces onglets, reportez-vous au Chapitre 7, consacré aux graphiques «ordinaires». Les outils et les options de personnalisation des graphiques sont les mêmes qu'ici. Vous y retrouverez les onglets Création, Disposition et Mise en forme avec des boutons de commandes identiques.

Index